My first book
Southern African
Ocean Life

Roberta Griffiths
Illustrated by **Judy Maré**

Afrikaanse teks in rooi

Umbhalo wesiZulu yilowo oluhlaza okwesibhakabhaka

IsiXhosa sikumbala oluhlaza

Introduction   Inleiding   Isingeniso   Intshayelelo

Oceans cover most of our planet. They are home to many sea creatures, including the largest animals on Earth. This book tells you about some of them.

Oseane bedek die grootste gedeelte van ons planeet. Hulle is 'n tuiste vir 'n groot aantal seediere insluitende die grootste diere op aarde. Hierdie boek vertel jou meer oor party van hulle.

Izilwandle yizona ezithatha ingxenye enkulu yomhlaba wethu. Ziyikhaya kwizidalwa eziningi, okubalwa ngisho nezilwane ezikhulukazi eMhlabeni. Leli ncwadi likutshela ngezinye zazo.

Iilwandle zigubungele ummandla omkhulu kwiplanethi yethu. Alikhaya kwizilwanyana zaselwandle ezininzi, kubandakanya nezona zilwanyana zikhulu eMhlabeni. Le ncwadi ikuxelela ngezinye zazo.

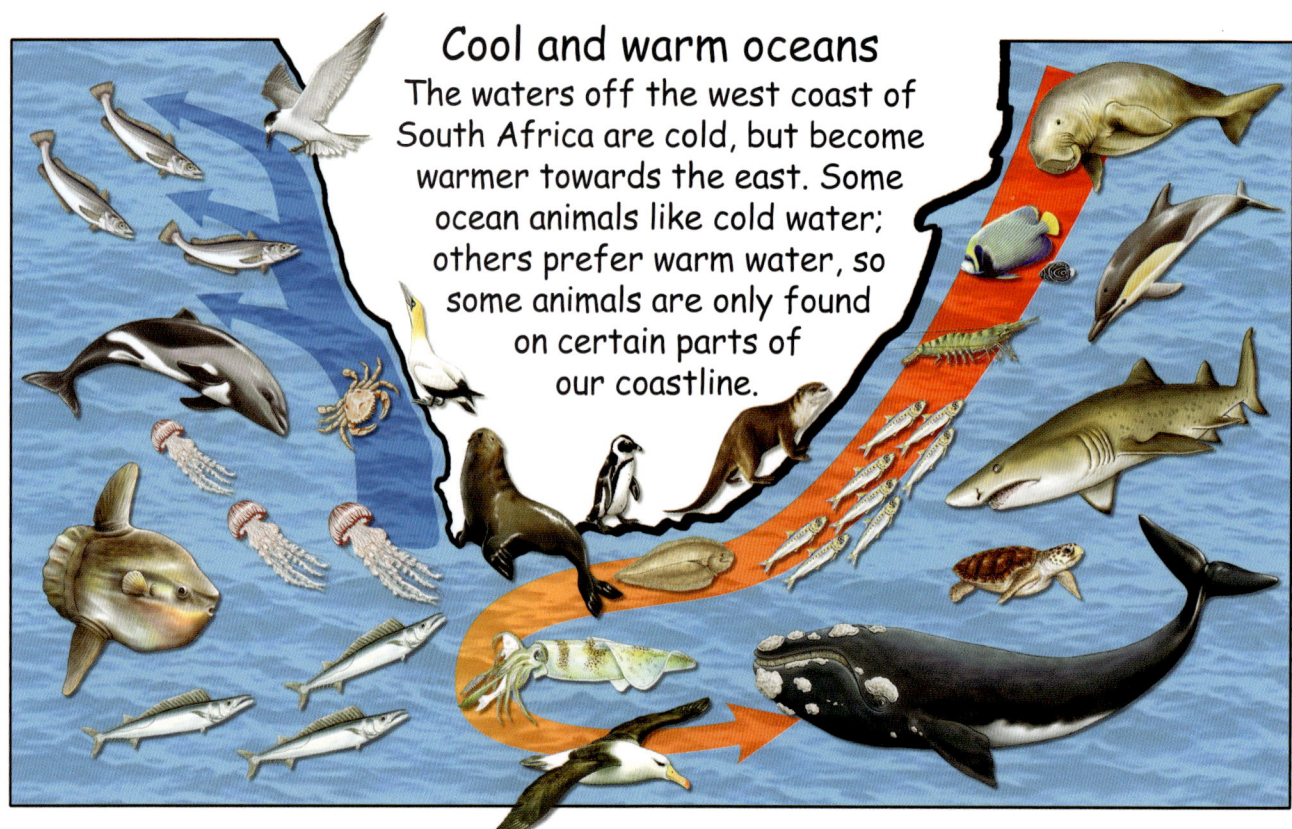

Cool and warm oceans
The waters off the west coast of South Africa are cold, but become warmer towards the east. Some ocean animals like cold water; others prefer warm water, so some animals are only found on certain parts of our coastline.

Koue en warm oseane
Die waters langs die Suid-Afrikaanse weskus is koud maar word al hoe warmer hoe verder oos 'n mens beweeg. Sommige van die diere wat in die oseane woon hou van koue water terwyl ander weer van warm water hou. As gevolg hiervan word sommige diere slegs op sekere plekke langs ons kuslyn aangetref.

Izilwandle ezibandayo nezifudumele
Amanzi asogwini olusentshonalanga neNingizimu Afrika ayabanda, kodwa ayaqala afudumale uma usuya ngasempumalanga. Ezinye izilwane zasolwandle zithanda amanzi abandayo; kanti ezinye zithanda amanzi afudumele, lokho ke kusho ukuthi izilwane ezithile zitholakala ezingxenyeni ezithile zogu lwethu kuphela.

Iilwandle ezibandayo nezifudumeyo
Amanzi onxweme olusentshona lwaseMzantsi Afrika ayabanda, kodwa aya efudumala ukuya empuma. Izilwanyana ezithile zaselwandle zithanda amanzi abandayo; ezinye zithanda afudumeleyo, ngoko ke inxalenye yezilwanyana ifumaneka kwiindawo ezithile zonxweme.

The ocean food chain

All life in the open ocean depends on very tiny plants called phytoplankton. They float near the sea surface and use sunlight to make their own food. Little animals called zooplankton eat the plants. Small fish eat the zooplankton and are hunted by larger fish. In turn, they become food for even bigger fish, seals, dolphins and sharks.

Die voedselketting van die oseaan

Alle lewe in die oopsee is afhanklik van baie klein plantjies wat fitoplankton genoem word. Hulle dryf naby aan die oppervlak van die water en gebruik sonlig om hul eie kos te maak. Klein diertjies wat soöplankton genoem word vreet hierdie klein plantjies. Kleinerige visse vreet op hul beurt weer die soöplankton en word gejag deur groter visse. Groter visse word dan ook weer die kos vir nog groter visse, robbe, dolfyne en haaie.

Uchungechunge lokudla kwasolwandle

Yonke impilo olwandle oluvulelekile yencike kwizitshalo ezincane zasolwandle nezibizwa ngokuthi ama-phytoplankton. Lezi zitshalo zintanta eduze nogu lolwandle bese zisebenzisa ukukhanya kwelanga ukuzenzela ukudla kwazo. Izilwane ezincane ezaziwa ngokuthi ama-zooplankton, zidla izitshalo. Kanti kwazona izilwane ezincane lezi zidliwa yizinhlanzi ezinkulu. Kanti kwazona-ke lezi zinhlanzi ezinkulu, zidliwa yizinhlanzi ezinkulukazi, izimvu zasolwandle, amahlengethwa kanye noshaka.

Inkqubo yokutya yaselwandle

Zonke izinto eziphilayo kwisithabathaba solwandle zixhomekeke kwizityalo ezibizwa ngokuba ngumfincane wolwandle. Zidadela kufutshane nomphezulu wolwandle kwaye zisebenzisa ukukhanya kwelanga ukwenza okwawo ukutya. Izilwanyanyana ezincinane, ezibizwa ngokuba ziizuplankthoni, zitya ezi zityalo. Iintlanzi ezincinane zitya iizuplankthoni kwaye zizingelwa ziintlanzi ezinkudlwana. Nazo ziba kukutya kwiintlanzi ezinkulu kunazo, kumahlengesi, kwiintini zolwandle nakookrebe.

Oceans in our lives

The oceans are important to us: they give us seafood, salt and even medicines, and ships criss-cross the sea carrying people and cargo. We also love to fish, swim and surf in the ocean and to learn about its strange creatures.

Oseane in ons lewens

Die oseane speel 'n baie belangrike rol in ons lewens: hulle gee vir ons seekos, sout en selfs medisyne. Skepe vaar kruis en dwars oor ons oseane en vervoer mense en skeepsvrag. Ons hou daarvan om vis te vang, te swem en branderplank te ry in die oseane asook om meer te leer oor die eienaardige seediere wat daarin woon.

Izilwandle ezimpilweni zethu

Izilwandle zibaluleke kakhulu kithina: zisinika ukudla kwasolwandle, usawoti kanye ngisho nemithi imbala, kanti imikhumbi yehla yenyuka olwandle ithwele abantu kanye nemithwalo. Siyakuthanda futhi nokudoba, ukubhukuda kanye nokutshuza olwandle kanti futhi siyathanda nokufunda ngezidalwa zalo ezingejwayelekile.

Iilwandle kubomi bethu

Iilwandle zibalulekile kuthi: zisinika ukutya kwaselwandle, ityuwa nkqu namayeza, kwaye iinqanawa zihambahamba elwandle zithwele abantu nemithwalo. Sikwathanda nokuloba, ukudada nokutshibilika elwandle kwanokufunda ngezidalwa zalo ezifani.

How to use this book Hoe om hierdie boek te gebruik Indlela yokusebenzisa le ncwadi Indlela yokuyisebenzisa le ncwadi

Shows that the animal can harm people – keep a safe distance.
Wys dat die dier mense kan beseer – bly eerder op 'n veilige afstand.
Kukhombisa ukuthi lesi silwane singabalimaza abantu – ngakho-ke hambela kude naso.
Kubonakalisa ukuba esi silwanyana singabenzakalisa abantu – yithi qelele kuso.

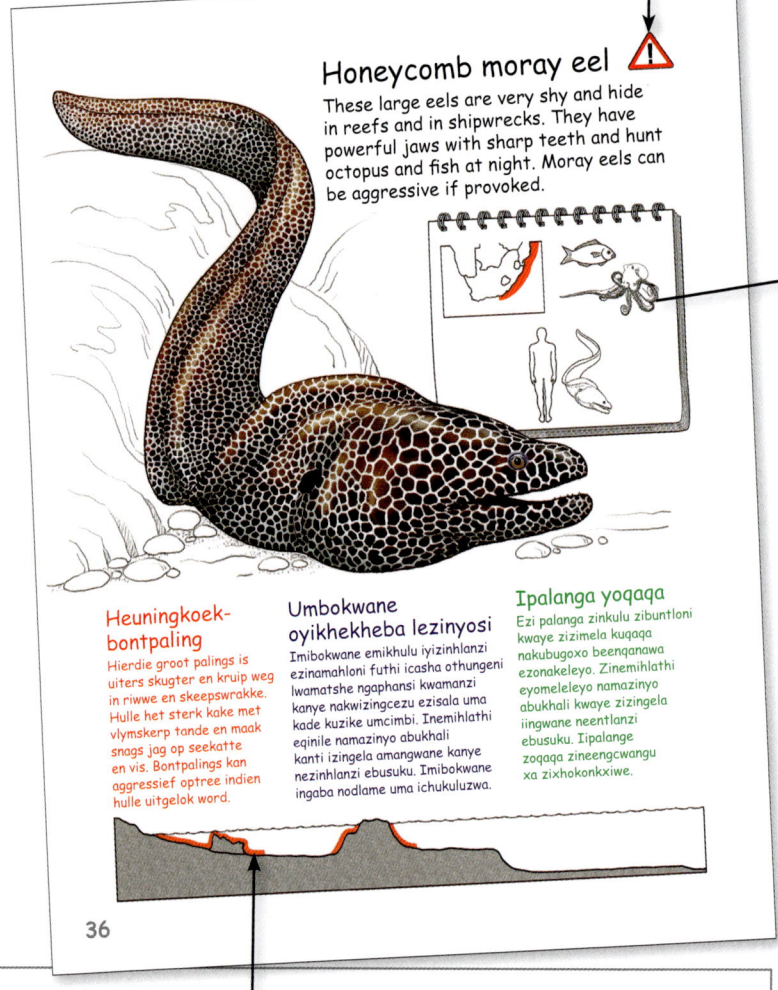

The red shading shows where it lives in the ocean
Die gedeeltes wat rooi ingekleur is wys waar die dier in die oseaan woon
Umpheme obomvu ukhombisa lapho isilwane sihlala khona olwandle
Ithunzi elibomvu libonisa apho sihlala khona elwandle elwandle

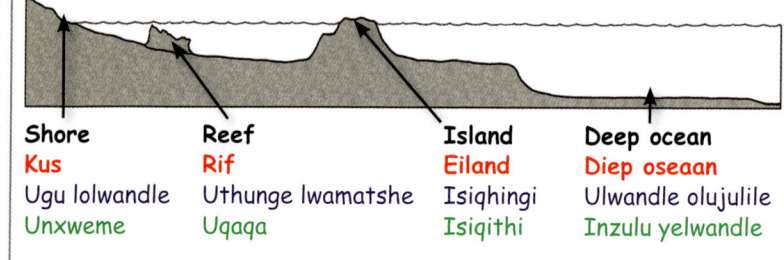

Shore	Reef	Island	Deep ocean
Kus	Rif	Eiland	Diep oseaan
Ugu lolwandle	Uthunge lwamatshe	Isighingi	Ulwandle olujulile
Unxweme	Uqaqa	Isiqithi	Inzulu yelwandle

The notebook tells you:
Die aantekeningboek gee meer inligting oor: Incwajana ikutshela: Incwadana ikuxelela:

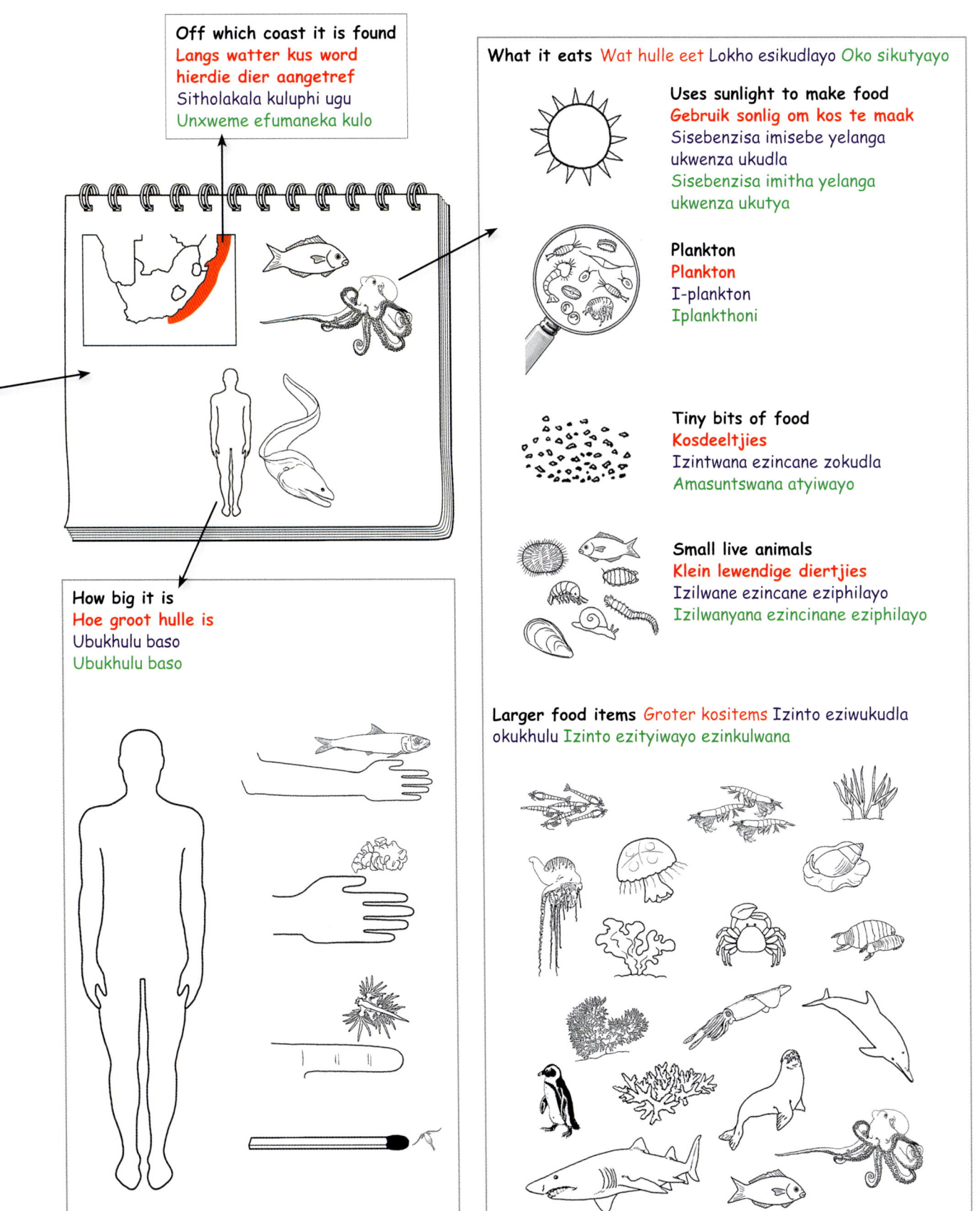

Cape clawless otter

These shy animals can sometimes be seen along the coast. In the morning and evening they play, swim and hunt for food in the sea. They rest on the shore and sleep in burrows at night.

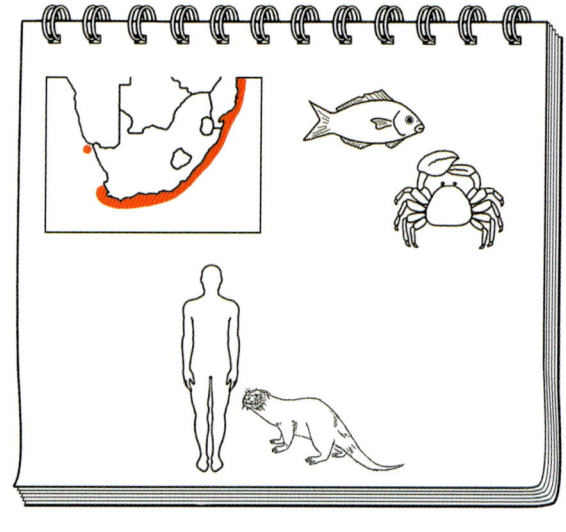

Die groototter

Hierdie skugter diere kan soms langs ons kus gesien word. Hulle speel, swem en jag soggens en saans in die see. Hulle rus op die strande en slaap snags in lêplekke.

Umthini waseKapa ongenamazipho

Lezi zilwane ezinamahloni kuyenzeka ngezinye izikhathi zibonakale ogwini lolwandle. Ekuseni kanye nakusihlwa ziyadlala, zibhukude futhi zizingele ukudla olwandle. Ziphumula osebeni lolwandle bese zilala emiseleni ebusuku.

Intini engenanzipho yeKapa

Ezi zilwanyana zibuntloni ngamanye amaxesha zingabonwa ngaselunxwemeni. Kusasa nangokuhlwa zidlala, zidade, zizingele nokutya elwandle. Ziphumla elunxwemeni zize zilale emingxunyeni ebusuku.

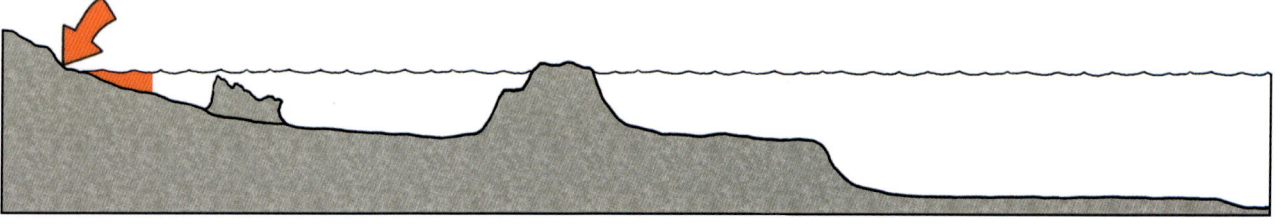

Fur seal

Like other ocean mammals, seals have thick layers of fat under their fur to keep them warm. They live in the sea, but gather on islands in early summer to give birth and raise their young.

Pelsrob

Soos ander soogdiere wat in die see woon, het robbe 'n dik laag vet onder hul pels om hulle warm te hou. Hulle woon in die see, maar kom vroeg in die somer op eilande bymekaar om geboorte te skenk en hul kleintjies groot te maak.

Imvu yamanzi enobuya

Njengezinye izilwane zolwandle ezincelisayo, izimvu zamanzi zinogqinsi olukhulu lwamafutha ngaphansi kwezikhumba zazo eziwenza ukuthi zihlale zifudumele. Zihlala olwandle, kodwa zihlanganela eziqhingini zolwandle ehlobo ukuze zizalele khona futhi zikhulise amazinyane azo.

Intini yolwandle enoboya

Njengezinye izilwanyana zolwandle ezincancisayo, iintini zinomaleko omkhulu wamafutha ngaphantsi koboya bazo ukuzigcina zifudumele. Zihlala elwandle, kodwa ziqokelelana eziqithini ekuqaleni kwehlobo ukuze zizale ze zikhulise amantshontsho azo.

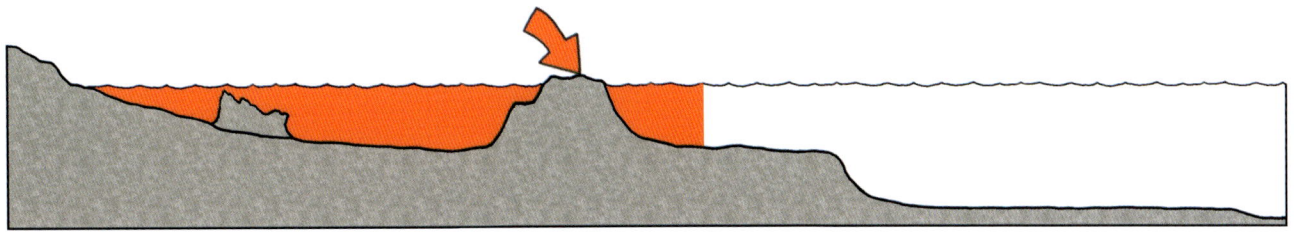

Dugong

Dugongs feed on seagrass growing in shallow bays and lagoons. These fat and friendly creatures live for 50 years, but are endangered, as they are hunted for their meat and oil.

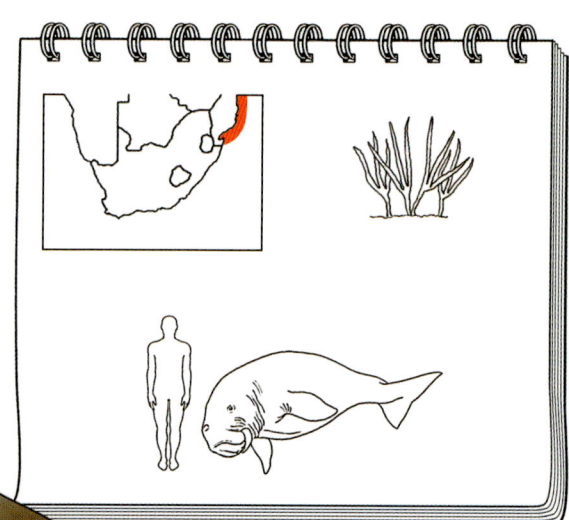

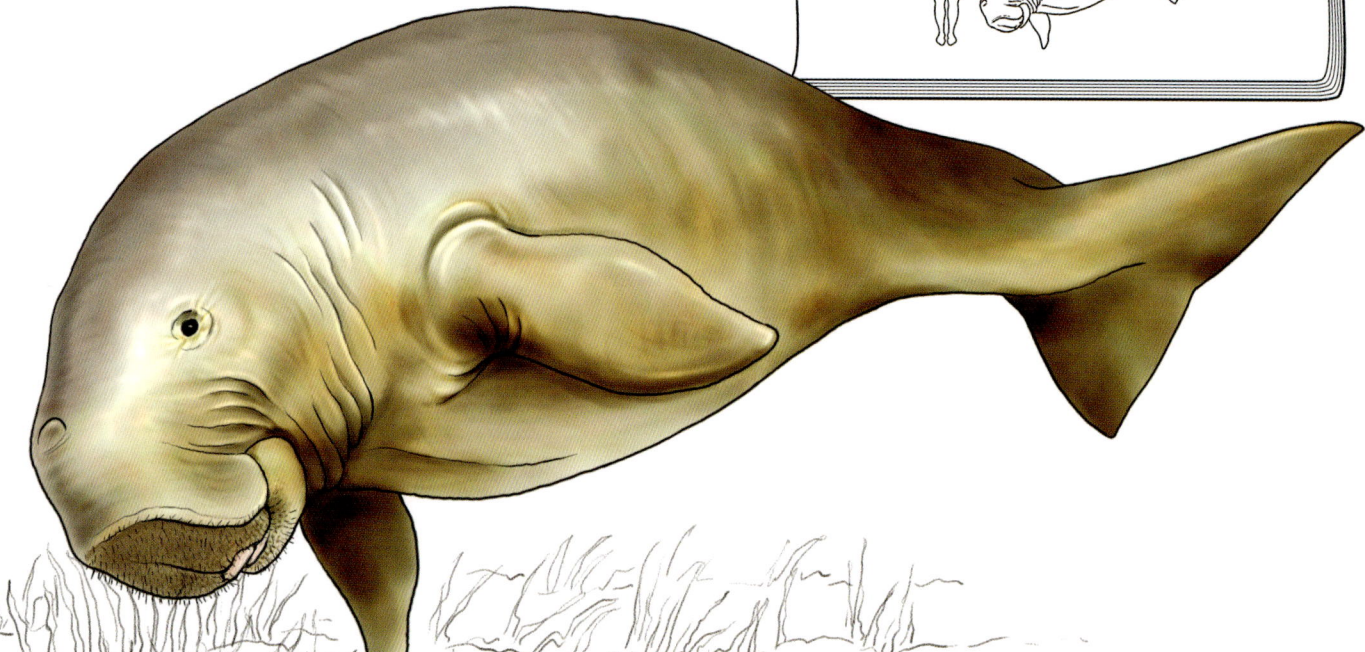

Doegong
Die doegong vreet seegras wat in vlak baaie en strandmere groei. Hierdie vet, vriendelike seediere leef vir ongeveer 50 jaar lank, maar hulle is 'n bedreigde spesie omdat hulle gejag word vir hul vleis en olie.

Ingulube yolwandle
Izingulube zolwandle zidla utshani basolwandle emachwebeni angashoni kakhulu kanye nasemtateni. Lezi zilwane ezikhuluphele futhi ezinobungani ziphila iminyaka engama-50, kodwa seziyashabalala, njengoba abantu abaningi bezizingela ukuze bathole inyama yazo kanye namafutha.

Intini yolwandle eyimbaxu-mbaxu
Itya ingca yaselwandle ekhula kwiibheyi ezingenzulu nakumachweba. Ezi zilwanyana zityebileyo zinobuhlobo ziphila iminyala engama-50, kodwa zisemngciphekweni njengoko zizingelelwa inyama ne-oli yazo.

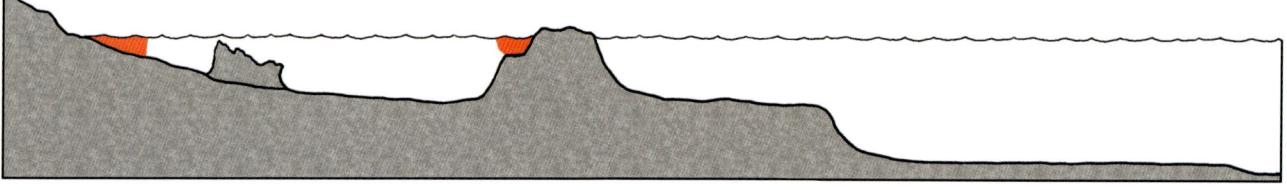

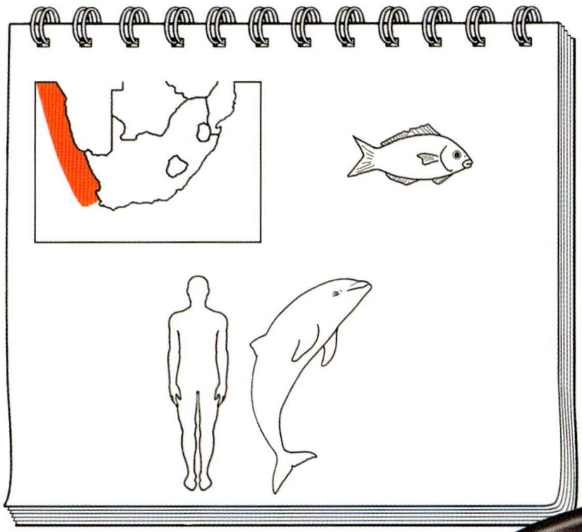

Haviside's dolphin

These small dolphins swim in groups and play by jumping up out of the water, turning, and landing back in the sea with hardly a splash.

Haviside-dolfyn

Hierdie klein dolfyne swem in groepe en speel deur uit die water te spring, in die lug te draai en dan weer in die see te land – amper sonder om die water eens te laat opspat.

Ihlengethwa likaHaviside

Lawa mahlengethwa amancane abhukuda ngamaqoqo futhi adlala ndawonye ngokuthi agxume aphume emanzini, ajike, abuye phakathi futhi olwandle ngaphandle nje kokushaya amanzi asaphazeke.

Ihlengesi elimbaxa

La mahlengesi mancinane adada engamaqela kwaye adlala ngokuxhuma ephumela ngaphandle emanzini, aguquguquke, athi dyumpu elwandle kwakhona phantse ngaphandle kokuwenza atake amanzi.

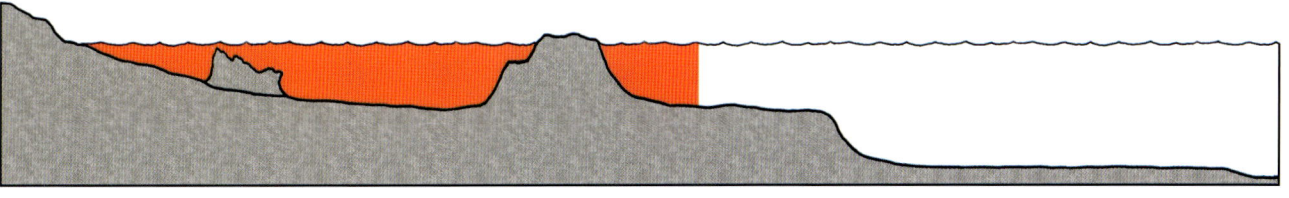

Bottlenosed dolphin

Dolphins are playful and friendly. They are intelligent mammals and have their own language, made up of squeaks and whistles. They like to show off by leaping into the air.

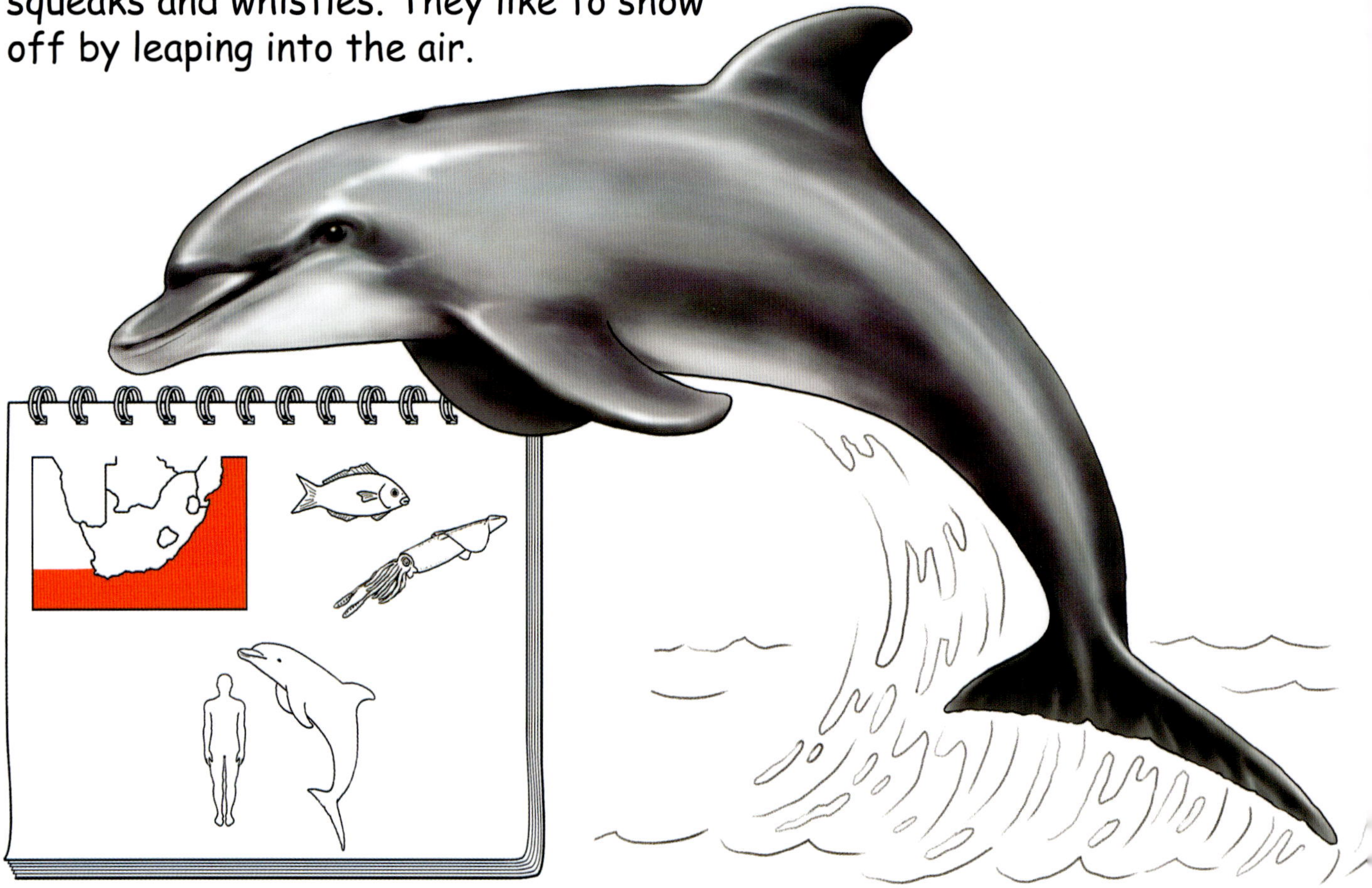

Stompneusdolfyn

Dolfyne is spelerige en vriendelike diere. Hulle is intelligente soogdiere en het hul eie taal wat bestaan uit kliek- en fluitgeluide. Hulle hou daarvan om aandag te probeer trek deur in die lug te spring.

Ihlengethwa elinekhala elimise okwebhodlela

Amahlengethwa ayathanda ukudlala futhi anobungani. Ayizilwane ezincelisayo ezihlakaniphe kakhulu futhi anolimi lwawo olukhunywa ngokunswininiza kanye nangamakhwelo. Ayathanda ukwenza imibukiso ngokuthi adamane egxumela phezulu emoyeni.

Ihlengesi elimpumlo ibhuntshuntshu

Amahlengesi ayathanda ukudlala kwaye anobuhlobo. Azizilwanyana ezincancisayo ezikrelekrele kwaye anendlela yawo yokuthetha ekukukutswina nomlozi. Athanda ukuqhayisa ngokutsibela phezulu emoyeni.

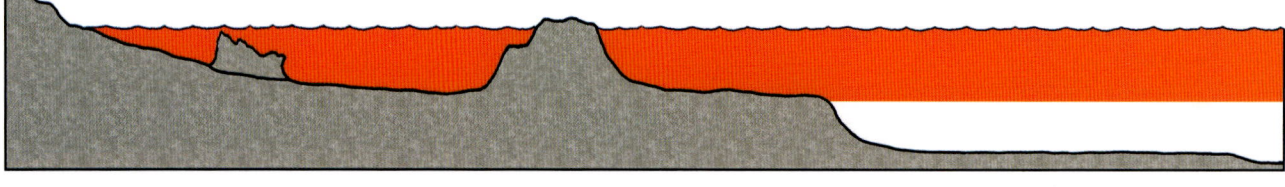

Common dolphin

Common dolphins have long, pointed beaks and pale undersides. They occur in warm waters worldwide, and form large schools that hunt shoals of sardines along our east coast.

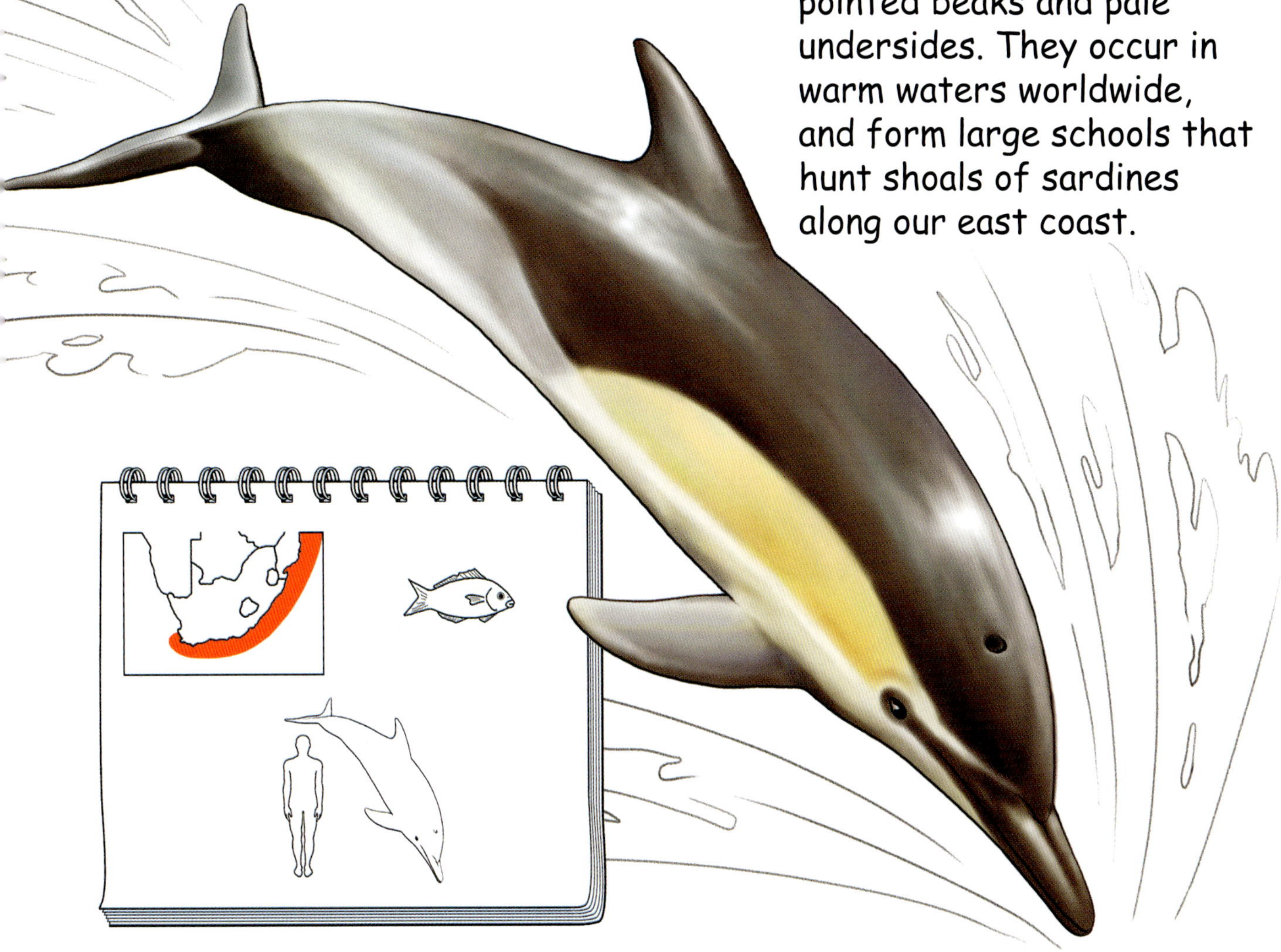

Gewone dolfyn

Gewone dolfyne het lang, gepunte bekke en hul onderkante is lig. Hulle kom voor in warm waters wêreldwyd en vorm groot groepe wat jag maak op die skole sardyne langs ons ooskus.

Ihlengethwa elijwayelekile

Amahlengethwa ajwayelekile anemilomo emide ecijile kanye nengaphansi eliphaphathekile. Atholakala emanzini afudumele emhlabeni wonke, kanti ahamba ngamaningi azingela amasayidini amaningi ogwini olusempumalanga.

Ihlengesi eliqhelekileyo

Amahlengesi anemilomo emide etsolo, aze abe bumbatsha ngaphantsi. Afumaneka kumanzi afudumeleyo ehlabathini jikelele, kwaye abaligquba elikhulu elizingela inyambalala yeentlanzi ezincikane kunxweme lethu olusempuma.

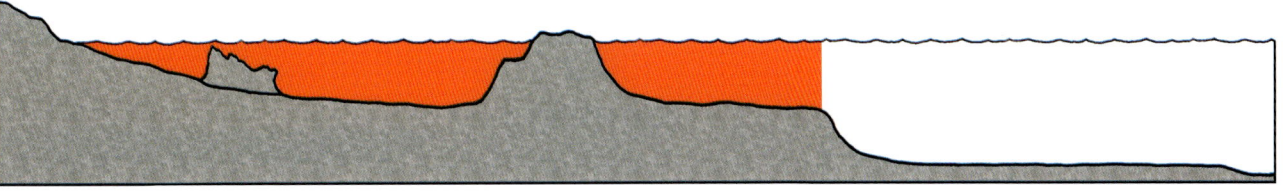

Southern right whale

These whales spend their summers in the cold Antarctic, and in winter they come to calm bays on our coast to give birth to their young. They feed by sieving masses of tiny shrimps called krill from the water.

Suidelike noordkaperwalvis

Hierdie walvisse bring hul somers deur in die koue Antarktika en kom dan gedurende die winter na die rustige baaie langs ons kus om geboorte te skenk. Hulle kry hul kos deur massas piepklein garnaaltjies uit die water te filtreer. Hierdie garnaaltjies word kril genoem.

Umkhoma wangaseNingizimu

Le mikhoma ichitha ihlobo layo kwindawo yangaseningizimu yomhlaba, kwi-Antarctic, lapho kusuke kubanda khona, kanti ebusika iyabuya ize kumachweba ogu lwethu azothile ukuze izozalela khona. Idla ngokusefa izinqwaba zezilwanyana ezifana nezimfanzi ezaziwa ngokuthi ama-krill ezisuke zisemanzini.

Umnenga wakumazantsi asekunene

Le minenga ichitha ixesha layo ehlobo kwiAntantikha ebandayo, kwaye ebusika iza kwiibheyi ezizolileyo kunxweme lwethu ukuze izale amantshontsho ayo. Izondla ngokuhluza inyambalala yemingonci emincikane ebizwa ngokuba ngamakrili emanzini.

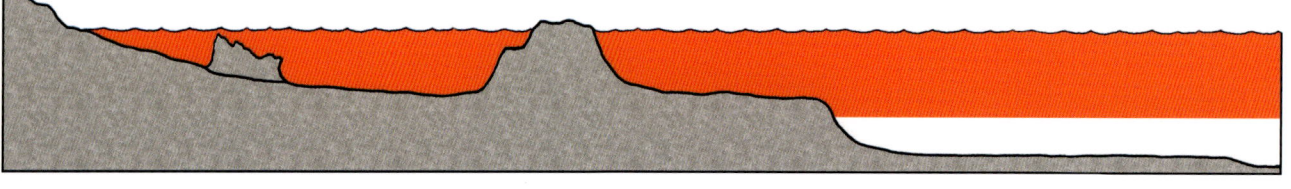

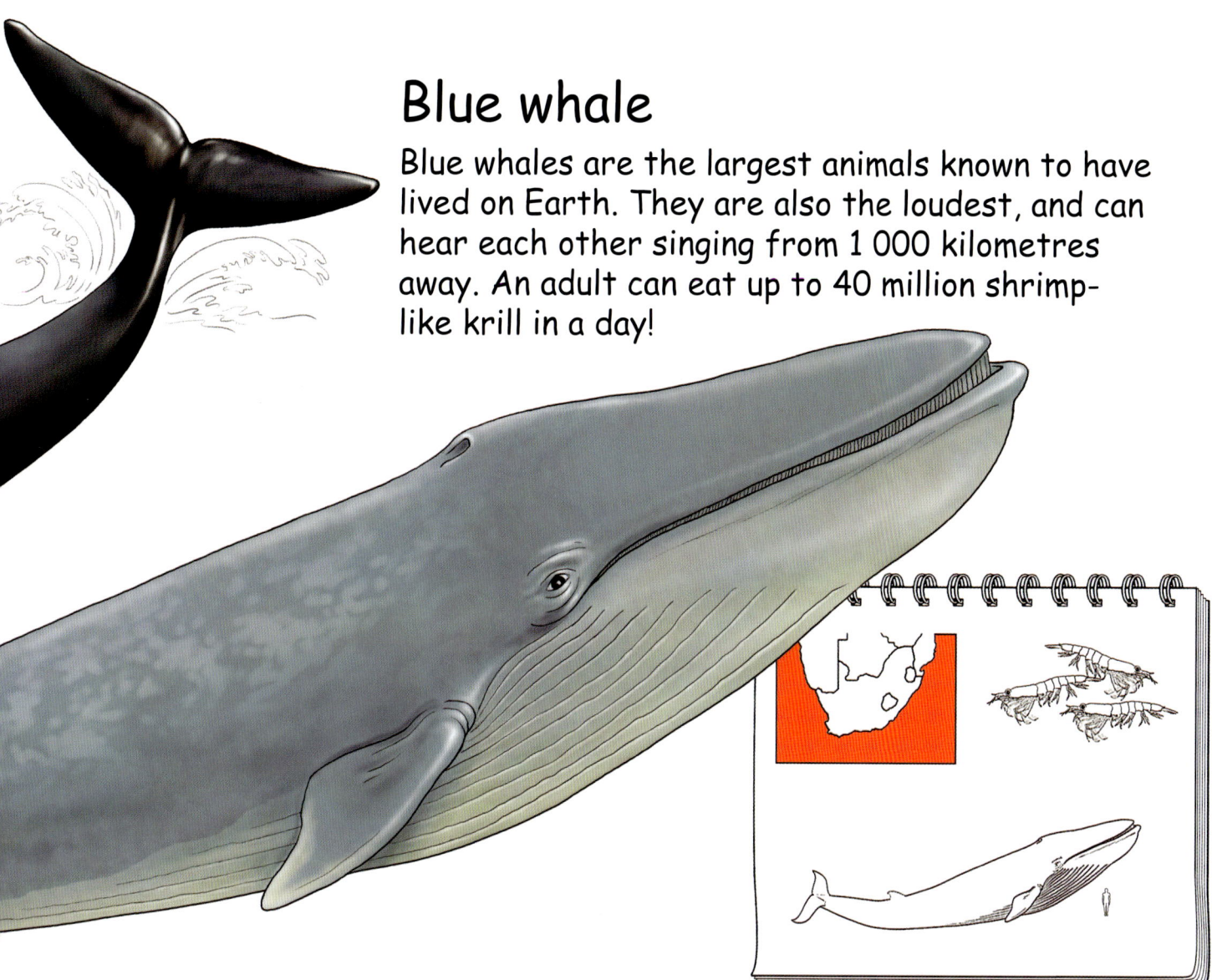

Blue whale

Blue whales are the largest animals known to have lived on Earth. They are also the loudest, and can hear each other singing from 1 000 kilometres away. An adult can eat up to 40 million shrimp-like krill in a day!

Blouwalvis

Blouwalvisse is die grootste diere wat al ooit op die aarde geleef het. Hulle maak ook die hardste geluide en kan mekaar 1 000 kilometer ver hoor sing. 'n Volwasse blouwalvis kan tot soveel as 40 miljoen garnaalagtige kril per dag vreet!

Umkhoma oluhlaza okwesibhakabhaka

Imikhoma eluhlaza okwesibhakabhaka yizilwane ezinkulu kakhulu ezaziwayo esezike zaphila eMhlabeni. Kanti zinomsindo omkhulu kakhulu futhi zikwazi ukuzwana uma zihlabelela ebangeni elinokuqhelelana okungamakhilomitha ayi-1 000. Umkhoma omdala ungadla izilwanyana ezifana nemfanzi ezingaye zifinyelele ezigidini ezingama-40 ngosuku olulodwa!

Umnenga oluhlaza okwesibhakabhaka

Iminenga eluhlaza okwesibhakabhaka zezona zilwanyana zinkulu ezaziwayo ezazikhe zakho eMhlabeni. Ikwazezona zilwanyana zinengxolokazi, kwaye enye iyakwazi ukuva enye icula kumgama oziikhilomitha ezili-1 000. Okhule waphelela ungatya amakrili afana neqonci azizigidi ezingama-40 ngosuku!

Killer whale

Killer whales live in groups called pods. They are very intelligent and playful, and hunt big ocean mammals as well as smaller prey. Like all mammals they give birth to live young, which feed on their mother's milk.

Moordwalvis

Moordwalvisse woon in groepe wat sterk sosiale bande vorm. Hulle is baie intelligent en spelerig en maak jag op groot soogdiere wat in die see woon sowel as kleiner prooi. Soos alle soogdiere skenk hulle geboorte aan lewendige kleintjies wat hul ma's se melk drink.

Umkhoma ongumbulali

Imikhoma engababulali ihlala ngamaqoqo kanti ihamba ngaminingi. Le mikhoma ihlakaniphe kakhulu futhi iyathanda ukudlala, kanti izingela izilwane ezinkulu zasolwandle ezincelisayo kanye nalezo ezincane. Njengazo zonke izilwane ezincelisayo, nayo izala imikhoma emincane, neyincelisa ubisi lwayo.

Umnenga ongumbulali

Iminenga engababulali iphila ngamaqela abizwa ngokuba lingqina. Ikrelekrele kakhulu kwaye iyathanda ukudlala, ikwazingela izilwanyana ezincancisayo zaselwandle ezinkulu namaxhoba amancinci. Njengazo zonke izilwanyana ezincancisayo zizala amantshontsho aphilayo azondla ngobisi lukanina.

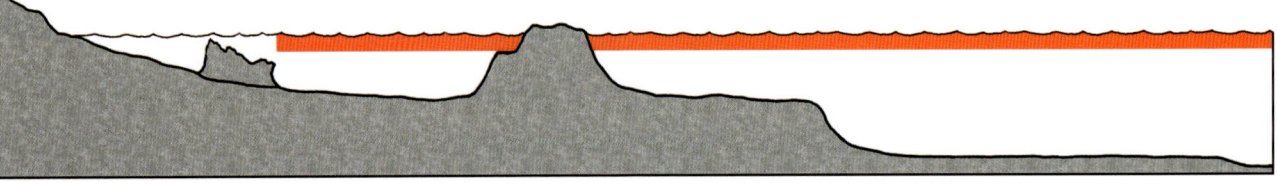

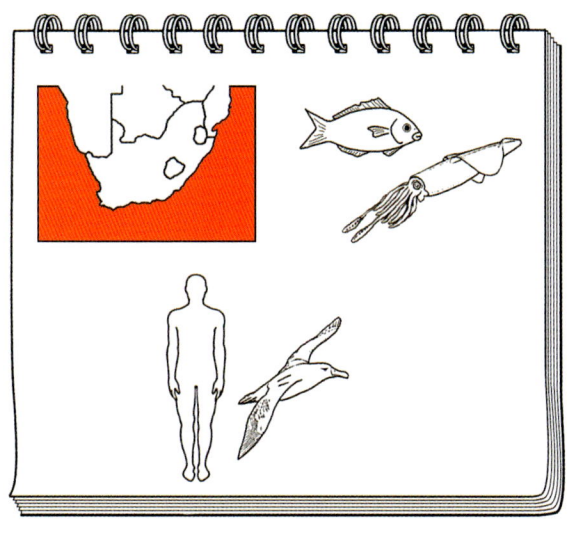

Black-browed albatross

These are the albatrosses we often see gliding close to our coast in winter. They dive to catch food, and can keep flying without resting for up to two years. Albatrosses only return to land to breed and raise their young.

Swartrugalbatros

Hierdie soort albatros word gereeld gedurende die winter naby ons kuslyn gesien. Hulle duik in die see in om kos te vang en kan vir tot solank as twee jaar aaneen vlieg sonder om te rus. Albatrosse kom slegs terug land toe om eiers te lê en hul kleintjies groot te maak.

Inyoni yolwandle egqize ngombala omnyama

Lezi yizinyoni ezivame ukubonakala zithwethwa zihamba osebeni lwethu ebusika. Ziyaye zitshuze ukubamba lokho ezikudlayo, Kanti futhi zingakwazi ukundiza isikhathi esingaye sifike kwiminyaka emibili ngaphandle kokuphumula. Lezi zinyoni zibuyela phansi emhlabeni ukuze zizalele khona futhi zikhulise abantwana bazo.

Ingaba-ngaba elimashiy' amdaka

La ngamangaba-ngaba esithi siwabone eshebeleza kufutshane nonxweme lwethu ebusika. Antywila abambe ukutya, kwaye akwazi ukuqhubeka ebhabha angaphumli ixesha elinokude libe yiminyaka emibini. Amangabangaba abuyela emhlabeni ebuyela kuphela ukuzalela nokukhulisa amantshontsho.

African penguin

Penguins cannot fly, but instead use their flipper-like wings to swim very fast underwater, where they chase and catch fish. They usually roost and raise their chicks on islands.

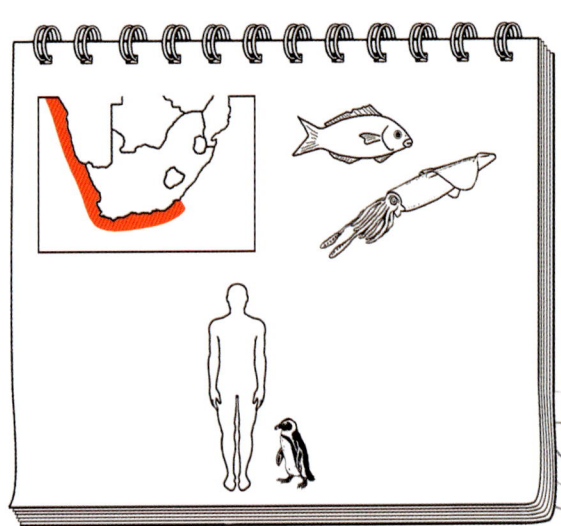

Afrika-pikkewyne

Pikkewyne kan nie vlieg nie, maar gebruik hul vlerke wat soos swempote lyk om baie vinnig onder die water te swem. Op hierdie manier jaag en vang hulle vis. Hulle slaap en maak hul kleintjies groot op eilande.

Iphengwini lase-Afrika

Amaphengiwini awakwazi ukundiza, kodwa esikhundleni salokho asebenzisa izimpiko zawo ukubhukuda ngokushesha ngaphansi kwamanzi lapho esuke ejahe khona futhi abuye abambe khona izinhlanzi. Avame ukulala kanye nokuzalela amatshwele awo eziqhingini.

Unombombiya waseAfrika

Oonombombiya abakwazi kubhabha, kodwa endaweni yoko basebenzisa amaphiko abo afana namaphekepheke ukudada ngesantya esiphezulu phantsi kwamanzi, apho baleqa iintlanzi bazibambe. Badla ngokuhlala baphole, bakhulise amantshontsho abo eziqithini.

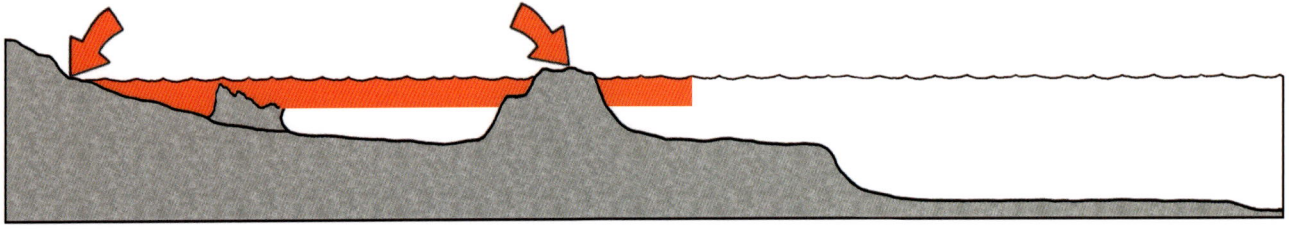

Cape gannet

These large birds are strong flyers and dive at high speed into the sea to catch fish. They breed on islands in spring. Females lay only one egg, and both parents care for the chick.

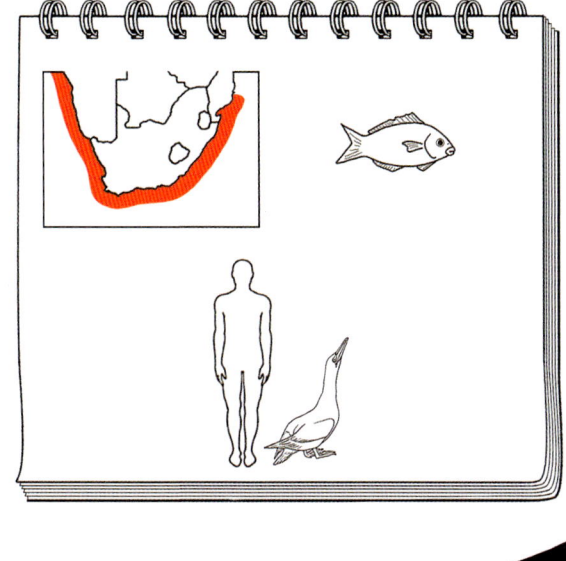

Witmalgas
Hierdie groot voëls vlieg baie goed en duik teen 'n hoë spoed in die see om vis te vang. Hulle broei in die lente op eilande. Die wyfies lê slegs een eier en albei ouers versorg die kuiken.

Idada laseKapa
Lezi yizinyoni ezinkulu ezikwazi ukundiza ngokunamandla zigijima ngesivinini esikhulu kanti futhi zikwazi ukutshuza zingene olwandle ukuze zibambe izinhlanzi. Zizalela eziqhingini entwasahlobo. Ezesifazane zizalela iqanda elilodwa kuphela, kanti abazali bobabili banakekela itshwele labo.

Umkholonjane
Ezi ntaka zinkulu ziziincutshe zokubhabha ezomeleleyo kwaye zintywila elwandle ngesantya ukuze zibambe iintlanzi. Zenza amantshontsho eziqithini entlakohlaza. Izikhukukazi zibeka iqanda elinye kuphela, kwaye bobabini abazali bayalinasa intshontsho.

Common tern

Flocks of terns arrive on our shores in the summer months to feed. In autumn they fly to northern countries where they breed. They spot fish from the air and then dive to catch them.

Gewone seeswael

Groot swerms seeswaels kom gedurende die somermaande na ons kusgebiede toe om kos te soek. In die herfs vlieg hulle weer terug na daardie lande in die noorde waar hulle broei. Terwyl hulle vlieg sien hulle vis raak in die water en duik dan in die see in om die vis te vang.

Itheni elejwayelekile

Imihlambi yamatheni ifika ogwini lolwandle lwethu ezinyangeni zasehlobo ukuze izothola ukudla. Ekwindla iyandiza iye emazweni angasenyakatho lapho ifike izalele khona. Amatheni ayaye abone izinhlanzi ephezulu emoyeni bese etshuza ukuze azibambe.

Itheni eliqhelekileyo

Imihlambi yamatheni ifika kumanxweme ethu kwiinyanga zasehlotyeni ukuza kutya. Ekwindla ayabhabha aye kumazwe asemntla apho athi azalele khona. Iintlanzi zizibona zisemoyeni zize zintywile ukuzibamba.

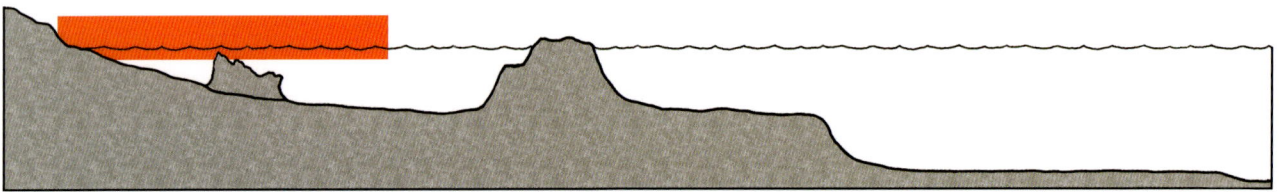

Yellow-bellied sea snake ⚠

These snakes live in the ocean and even give birth to their young there. They can stay underwater for several hours, but must eventually rise to breathe air. Sea snakes rarely bite but are extremely venomous.

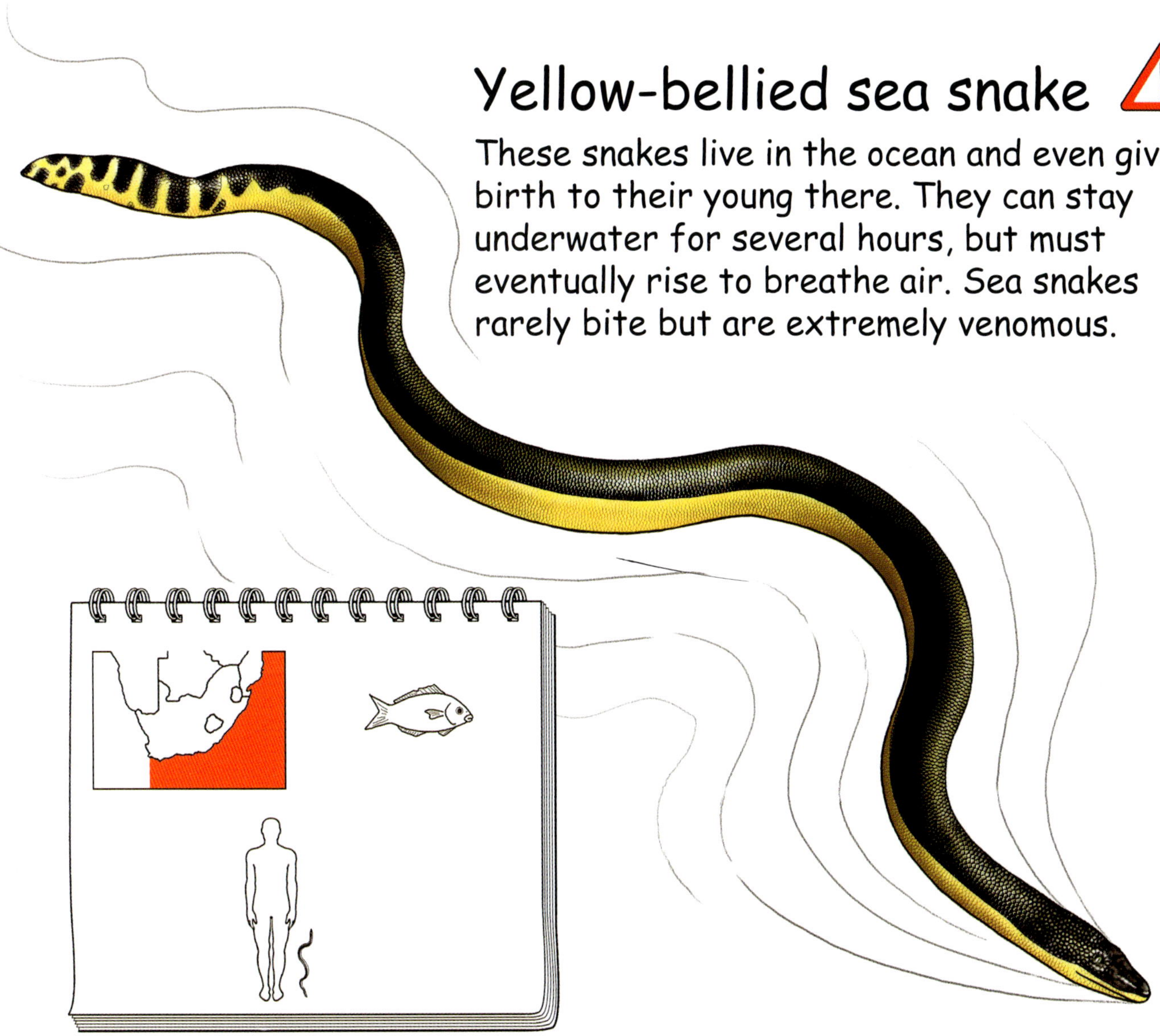

Swart-en-geel seeslang

Hierdie slange woon in die oseaan en skenk selfs daar geboorte aan hul kleintjies. Hulle kan onderwater bly vir 'n hele paar uur, maar moet op die ou end tog opkom om asem te haal. Seeslange pik mense baie selde, maar hulle is uiters giftig.

Inyoka yolwandle enesisu esiphuzi

Lezi zinyoka zihlala olwandle olukhulu kanti futhi zize zizalele khona laphaya. Zikwazi ukuhlala ngaphansi kwamanzi amahora ambalwa, kodwa ekugcineni kusuke kudingeka ukuthi zivele phezulu ukuze ziphefumule. Lezi zinyoka zolwandle imvamisa yazo azilumani kodwa zinobuthi obukhulu kakhulu.

Inyoka yaselwandle esisu sityheli

Ezi nyoka zihlala elwandle kwaye zizalela apho. Zikwazi ukuhlala phantsi kwamanzi iiyure eziliqela, kodwa ekugqibeleni kufuneka zivele ngaphandle ukuze ziphefumle. Iinyoka zaselwandle ezifane zilume kodwa zinetyhefu kakhulu.

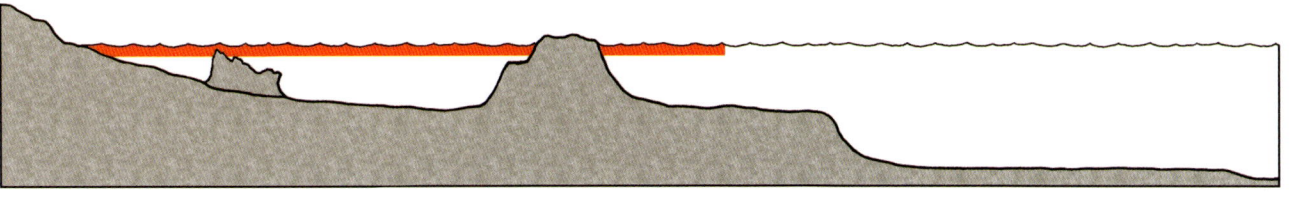

Leatherback turtle

Leatherbacks are the largest and fastest of the sea turtles. Instead of a bony shell on their backs they have a thick layer of fat covered by leathery skin.

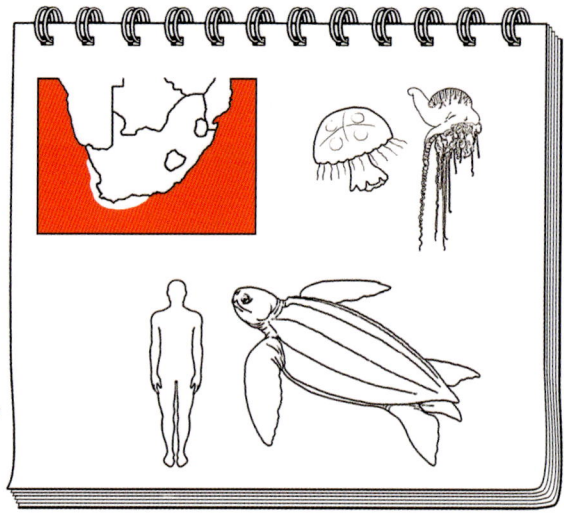

Leerskilpad

Leerskilpaaie is die grootste en vinnigste van al die seeskilpaaie. In plaas van 'n benerige dop op hul rûe het hulle 'n dik laag vet wat bedek is met leeragtige vel.

Ufudu olunesikhumba emhlane

Izimfudu ezinesikhumba emhlane yizona zimfudu zasolwandle ezinkulu kakhulu. Esikhundleni sokuba negobolondo eliyithambo emhlane, lolu hlobo lwezimfudu lunogqinsi lwamafutha oluqinile nolwembozwe wukhwekhwe lwesikhumba.

Ufudo olunomqolo wofele

Amafundo anomqolo wofele ngawona mafudo makhulu nanesantya. Endaweni yeqokobhe elilithambo emqolo nomaleko wamafutha omkhulu ogqunywe lufele.

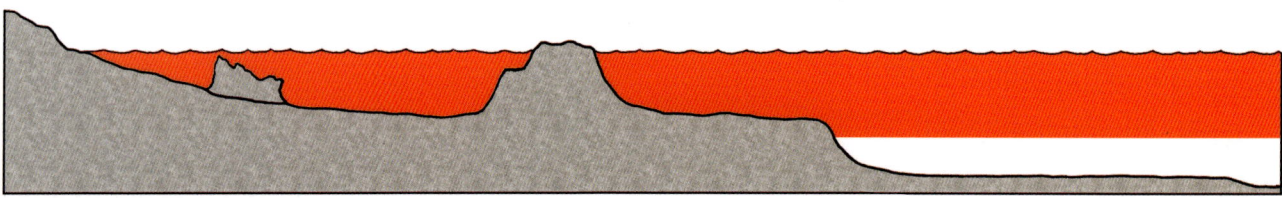

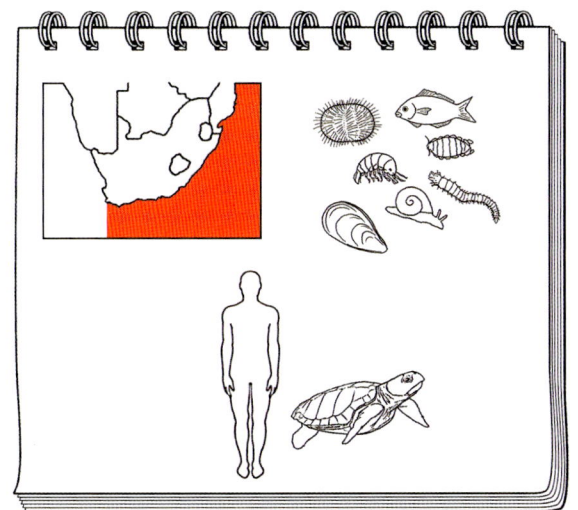

Loggerhead turtle

Like other turtles, loggerheads spend their lives at sea, although females must come ashore to lay their eggs in beach sand. The babies race to the sea once they hatch.

Karetskilpad

Soos ander seeskilpaaie woon karetskilpaaie hul hele lewe lank in die see, alhoewel die wyfies aan land moet kom om hul eiers in die seesand te lê. Die skilpadjies kruip so vinnig as wat hulle kan na die see sodra hulle uitgebroei het.

Ufudu oluyisiduphunga

Njengezinye izimfudu, lezi zimfudu eziyiziduphunga zichitha izikhathi zazo zisolwandle, yize-ke noma ezesifazane kuyaye kudingeke ukuba zibuye ziphume ziyozalela amaqanda esihlabathini sasebhishi. Izingane zazo ziyaye zithi zingachanyiselwa nje bese zigijima ngesivinini ziphikelele olwandle.

Ufudo olunguntloko-nkulu

Njengamanye amafudo, oontloko-nkulu bachitha ubomi babo elwandle, nangona iimazi kufuneka zize elunxwemeni zizokubeka amaqanda azo esantini. Amantshontsho ayagqotsa ukuya elwandle akuqanduselwa.

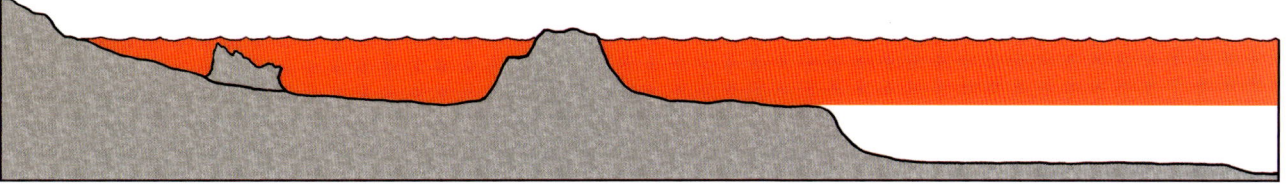

Manta ray

These gentle giants – the largest of the rays – do not have a sting and are friendly to divers. With their wing-like fins they seem to fly through the water and sometimes even leap into the air.

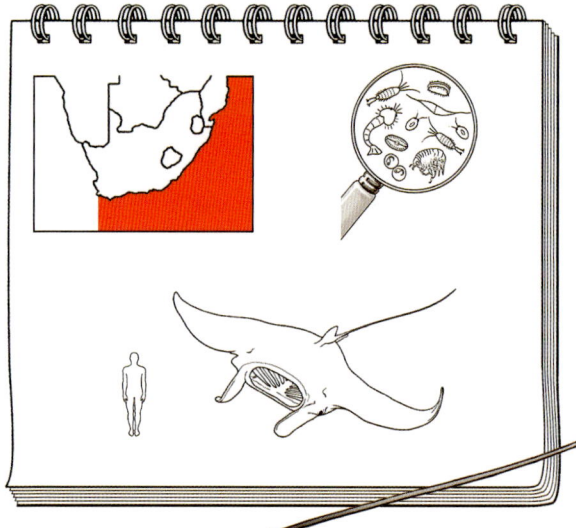

Mantarog

Hierdie sagmoedige reuse – die grootste van al die verskillende soorte rogge – het nie 'n angel nie en tree vriendelik op teenoor duikers. Met hul vinne wat soos vlerke lyk, lyk dit amper asof hulle deur die water sweef. Hulle spring selfs partykeer uit die water uit!

IManta

Lezi zilwane ezinkulu ezizilungele – nokuyizinhlanzi ezinkulu kakhulu emndenini walolu hlobo – azinalo udosi kanti futhi zinobungani kubatshuzi. Njengoba zinezimpiko zazo okungathi amaphiko okundiza nje, ziyaye zibonakale sengathi ziyandiza emanzini kanti ngesinye isikhathi zize zigxumele phezulu emoyeni.

Imanta esixwexwe

Ezi ngxilimbela zilulamileyo – ezona zinkulu kuhlobo lweentlanzi ezisixwexwe – azinalwamvila kwaye zinobuhlobo kwabantywilayo. Ngamaphiko azo afana nawokubhabha zikhangeleka zibhabha xa zidada emanzini kwaye ngamaxesha athile zide zixhumele emoyeni.

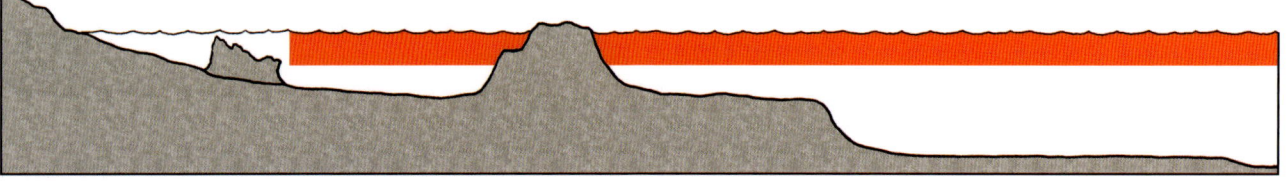

Blackspotted electric ray

An electric ray kills the fish that it eats by giving them a strong electric shock. It also uses electricity to sense other rays and to protect itself from enemies.

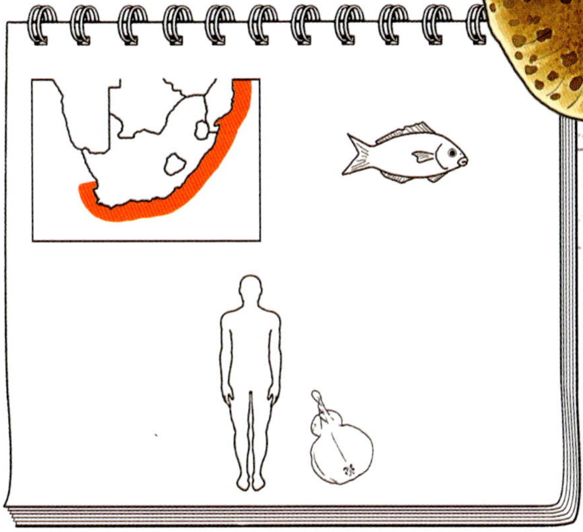

Swartspikkel-drilvis

Drilvisse maak die vis wat hulle vreet dood deur die vis 'n sterk elektriese skok te gee. Hulle gebruik ook elektrisiteit om ander drilvisse 'aan te voel' en om hulself te beskerm teen hul vyande.

Inhlanzi emabalamnyama kagesi

Inhlanzi emabalamnyama kagesi ibulala izinhlanzi ezidlayo ngokuzishaya ngomphezulu wayo ongugesi. Le nhlanzi ibuye futhi isebenzise ugesi otholakala kuyo ngaphakathi ukuzwa ukuthi zingaphi ezinye izinhlanzi zakubo kanti futhi ibuye izivikele ngawo lo gesi wayo ezitheni zayo.

Usixwexwe onechokoza elimnyama onombane

Usixwexwe onombane ubulala iintlanzi azityayo ngokuzitofa ngombane kakhulu. Ukwasebenzisa umbane ukubeva apho bangakhona oosixwexwe nokuzikhusela ezintshabeni.

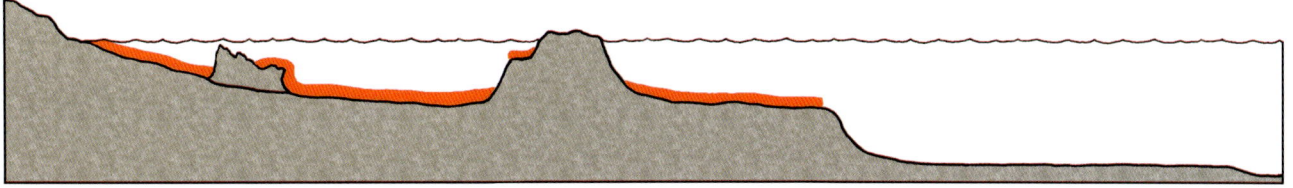

23

Ragged-tooth shark

These slow-moving sharks have fierce-looking teeth. Only two babies are born at a time, as the stronger ones eat the others while they are still inside their mother's body!

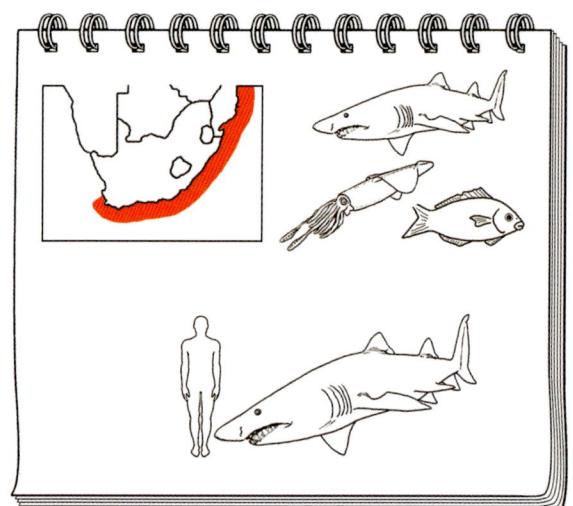

Vaalpenshaai

Hierdie haaie beweeg stadig en het vreesaanjaende tande. Hulle kry net twee kleintjies op 'n slag omdat die sterker kleintjies die ander opvreet terwyl hulle nog in hul ma se liggaam is!

Ushaka onamazinyo aphukile

Laba oshaka abahamba kancane banamazinyo amabi. Bazala abantwana ababili kuphela ngesikhathi, lokhu kubangelwa ukuthi lezi zinhlanzi ezinamandla zizidla zisesesiswini zonina lezi ezinye izinhlanzi!

Ukrebe omazinyo antsarhantsarha

Aba krebe bacothayo banamazinyo oyikisayo. Kuzalwa amantshontsho amabini kuphela ngexesha, njengoko awomeleleyo ewatya amanye ngeli lixa esesemzimbeni kamama wawo!

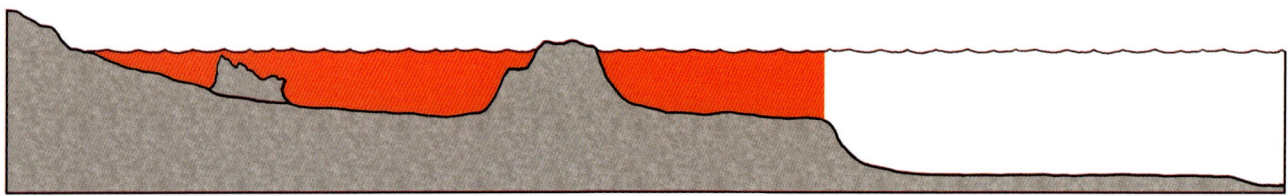

Great white shark

Great whites are large, curious sharks that roam near the coast. They gather around islands where seals and penguins breed, hoping to catch these animals as they swim by.

Witdoodshaai

Witdoodshaaie is baie groot, nuuskierige haaie wat naby aan ons kuslyn rondswem. Hulle kom bymekaar langs eilande waar daar robbe en pikkewyne is en wag om te sien of hulle hierdie diere kan vang wanneer hulle verbyswem.

Ushaka omhlophe omkhulukazi

Oshaka abamhlophe abakhulukazi bakhulu vele, futhi bangoshaka abahlale bethanda ukuzulazula ogwini lolwandle. Bayaye bahlanganyele eziqhingini lapho kuzalela khona imvu yamanzi kanye namaphengwini ngenhloso yokuthi zingahle zizibambe lezi zilwane uma bedlula lapha bezibhukudela.

Ukrebe omhlophe onobunganga

Ookrebe abamhlophe abanobunganga ngookrebe abakhulu abafun' ukwazi yonk' into le, abangqunga kufutshane nonxweme. Baqokelelana ngaseziqithini apho iintini zaselwandle nonoombombiya bazalela khona, ngethemba lokubamba ezi zilwanyana xa zidadayo zigqitha.

Scalloped hammerhead shark

This shark uses its flattened, hammer-like head to catch prey like stingrays. The shark bangs its head against the ray, holding it down on the seafloor while taking bites of flesh. It is not harmed by the ray's venomous sting.

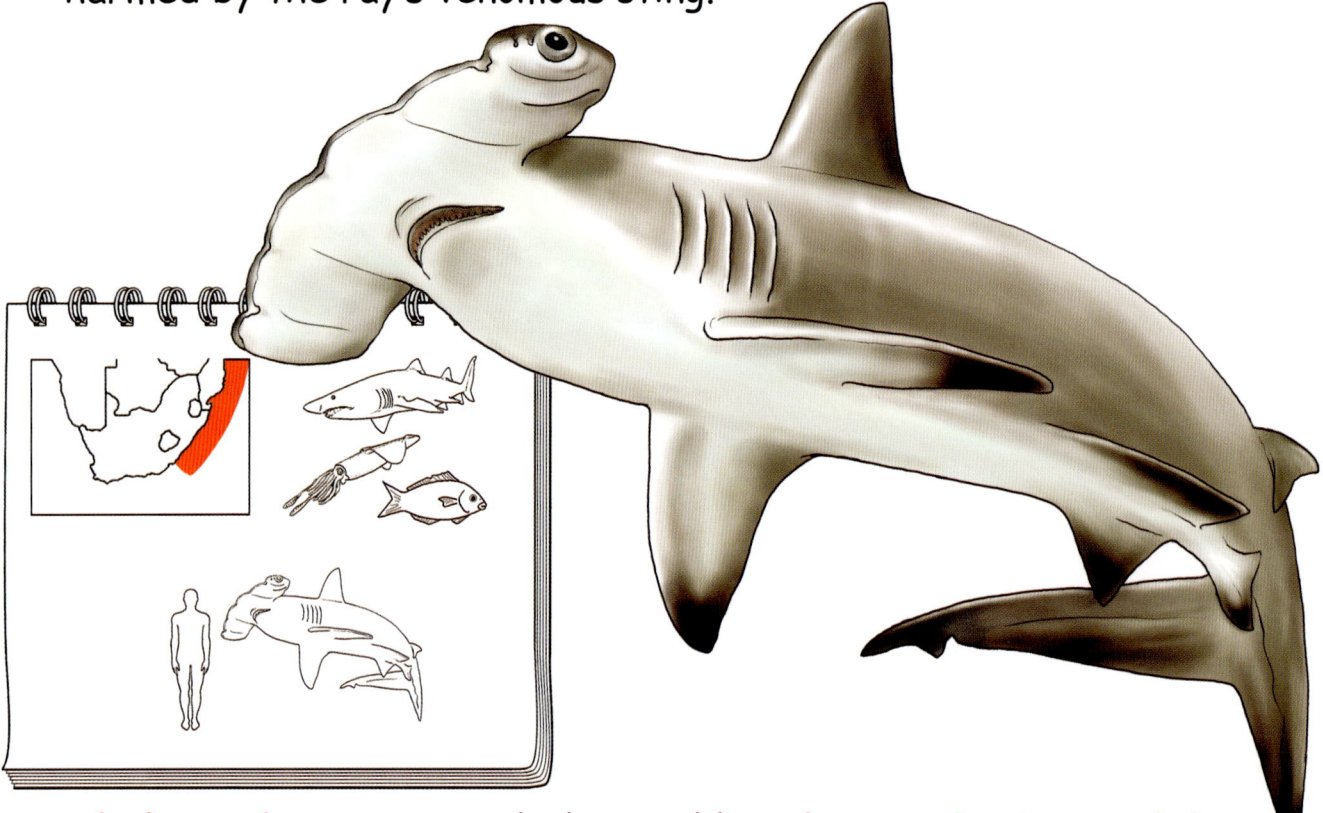

Skulprand-hamerkophaai

Hierdie haai gebruik sy afgeplatte kop wat soos 'n hamer lyk om prooi soos pylstertvisse te vang. Die haai kap met sy kop teen die pylstertvis en pen die vis dan op die seebodem neer terwyl hy happe uit die pylstertvis se vleis neem. Die pylstertvis se giftige angel het geen uitwerking op die haai nie.

Ushaka onekhanda likathekwane

Lolu hlobo lukashaka lusebenzisa ikhanda lalo eliyisicaba elimise okwesando ukubamba ofezela basolwandle abatinyelayo. Lo shaka uvele ushaye ufezela otinyelayo ngekhanda lawo, uwucindezele phansi kwiphansi lolwandle ngenkathi udephuna izicubu zenyama kuwo. Lo shaka awulinyazwa wukutinyela kwalo fezela okunobuthi.

Ukrebe ontloko ibuhamile enomaleko

Lo krebe usebenzisa intloko yakhe esicaba, nebuhamilerha ukubamba iitlanzi ezingamaxhoba ezinjengoosixwexwe abanolwamvila. Lo krebe ubethekisa intloko yakhe kusixwexwe, amcinezele phantsi kumgangatho wolwandle ngeli lixa eluma inyama. Akenzakaliswa kukuluma kukasixwexwe okunetyhefu.

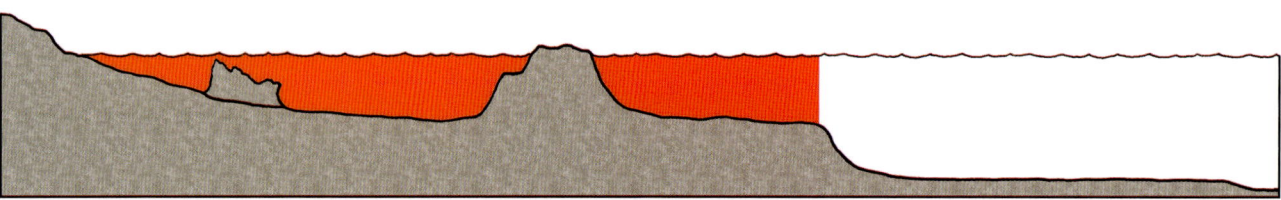

Ocean sunfish

Ocean sunfish are the heaviest fish in the world. They often lie on their sides at the water's surface, possibly to warm themselves in the sun after diving in deep, cold water to catch jellyfish.

Opeseesonvis

Sonvisse is die swaarste visse ter wêreld. Hulle lê dikwels op hul sye net onder die see se oppervlak, moontlik besig om hulself warm te maak in die son nadat hulle in die diep, koue waters afgeduik het om jellievisse te vang.

Inhlanzi ewujikanelanga wolwandle

Ojikanelanga bolwandle izinhlanzi ezesinda ukwedlula zonke ezinye izinhlanzi emhlabeni. Zivame ukulala ngohlangothi kwiphansi lamanzi, mhlawumbe ukuze zizifudumeze elangeni ngemuva kokutshuza zishone phansi nolwandle, emanzini abandayo ukuze zibambe amatheketheke.

Unomalanga waselwandle

Umomalanga waselwandle yeyona ntlanzi isindayo emhlabeni. Amaxesha amaninzi balala ngecala phezu kwamanzi, mhlawumbi ukuze bazishushubeze elangeni emva kokudayiva nzulu, kumanzi abandayo ukubamba intlanzi ekuthiwa yijeli.

Coelacanth

Once thought to be extinct, coelacanths have been found in deep caves and trenches off our coast. They are unusual because they have fleshy, arm-like fins and give birth to live young.

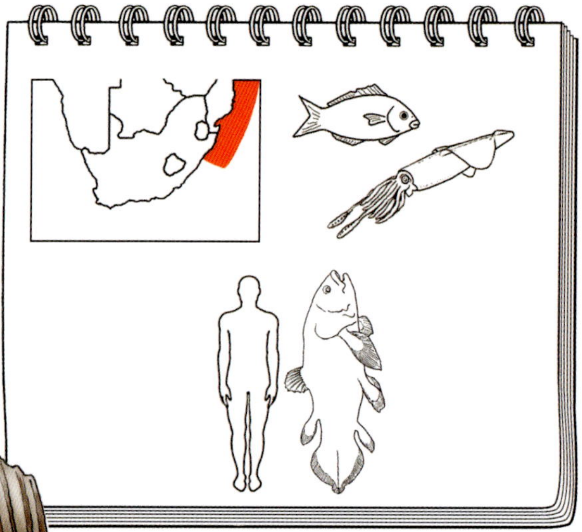

Selakant

Alhoewel daar eers geglo is dat hierdie visse uitgesterf het, is selakante gevind in die diep grotte en trôe langs ons kus. Hulle is ongewoon aangesien hulle vlesige, armagtige vinne het en geboorte skenk aan lewendige kleintjies.

Unomgogodla ofacakile

Kwake kwacatshengelwa ukuthi lezi zinhlanzi ezingonomgogodla ofacakile seziphelile, kodwa zabuye futhi zatholakala emigedeni eshonayo kanye nasemigodini osebeni lolwandle. Lezi zinhlanzi azejwayelekile ngoba zinezimpiko ezisanyama futhi ezisangalo kanti futhi zizala izinhlanzi eziphilayo, hhayi amaqanda.

Isulakankca

Emva kokucingelwa ukuba zaphela, amasulakankca afunyenwe kwimiqolomba enzulu nakwimihadi yonxweme lwethu. Awaqhelekanga kuba anamaphiko anenyama eninzi akwafana neengalo, kwaye azala amantshontsho aphilayo.

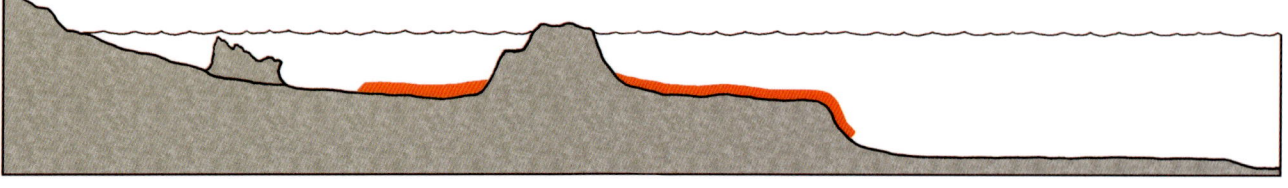

Galjoen

These are South Africa's national fish. They live on or near shallow reefs. Fishermen enjoy catching them with a rod and line, but they are now very scarce because too many have been caught.

Galjoen

Die galjoen is die nasionale vis van Suid-Afrika. Hulle woon by of naby vlak riwwe. Vissermanne hou daarvan om hulle met 'n visstok en lyn te vang, maar hulle is nou baie skaars omdat te veel van hulle gevang is.

I-Galjoen

Lezi yizinhlanzi eziyizinhlanzi zesizwe eNingizimu Afrika. Zihlala eduze nendawo enamatshe ngaphakathi olwandle kodwa emanzini angashoni kakhulu. Abadobi bayakuthokozela ukubamba lezi zinhlanzi ngodobo, kodwa njengamanje sezincane kakhulu ngenxa yokuthi iningi lazo selaqedwa ngabadobi.

IGaljuni

Ezi ziintlanzi zelizwe loMzantsi Afrika. Zihlala kumatye okanye kufutshane namatye angekho nzulwini yolwandle. Abalobi bayakonwabela ukuzibamba ngeehuku, kodwa ngoku zinqabe kakhulu kuba uninzi lwazo lubanjiwe.

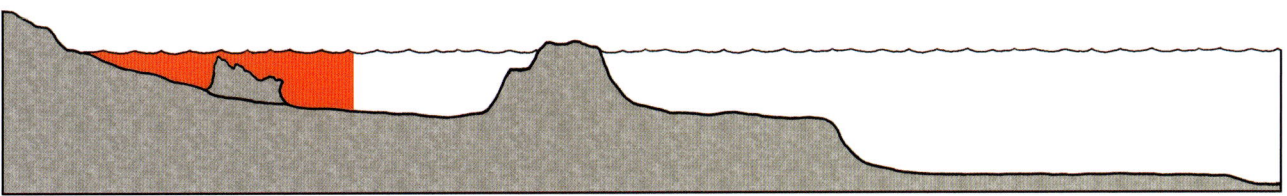

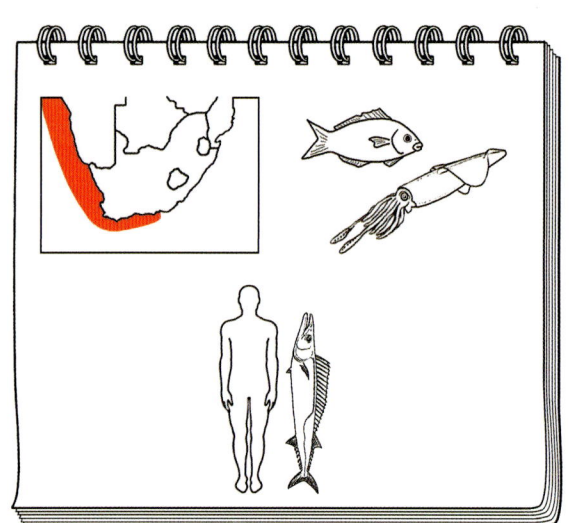

Snoek

Snoek are fast-swimming predators with needle-sharp teeth. They grow quickly and form large schools that hunt other fish.

Snoek

Snoek is predatore wat baie vinnig kan swem en vlymskerp tande het. Hulle groei baie vinnig en vorm groot skole wat jag maak op ander visse.

Isinukhi

Izinukhi wuhlobo lwezinhlanzi ezibhukuda ngokushesha kanti zinamazinyo abukhali njengenalithi. Lolu hlobo lwezinhlanzi lukhula ngokushesha futhi luvame ukuhamba lungamaqoqo luzingela ezinye izinhlanzi.

Usnuku

Oosnuku zizidla-nyama ezidada ngokukhawuleza ezinamazinyo abukhali okwenaliti. Bakhula ngokukhawuleza kwaye babaligquba elikhulu elizingela ezinye iintlanzi.

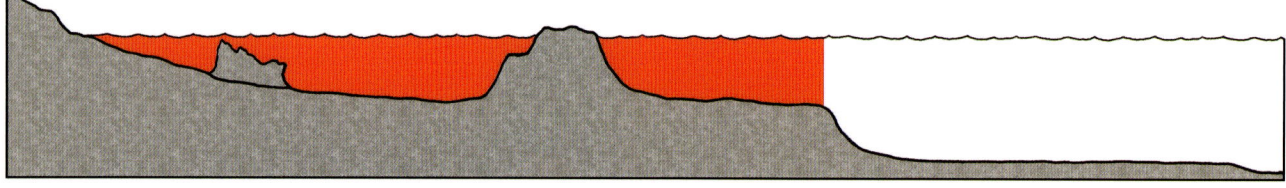

Yellowfin tuna

These fast-moving fish can swim at up to 80 kilometres per hour. They travel great distances across the ocean and hunt fish and squid. Tuna is a popular seafood worldwide.

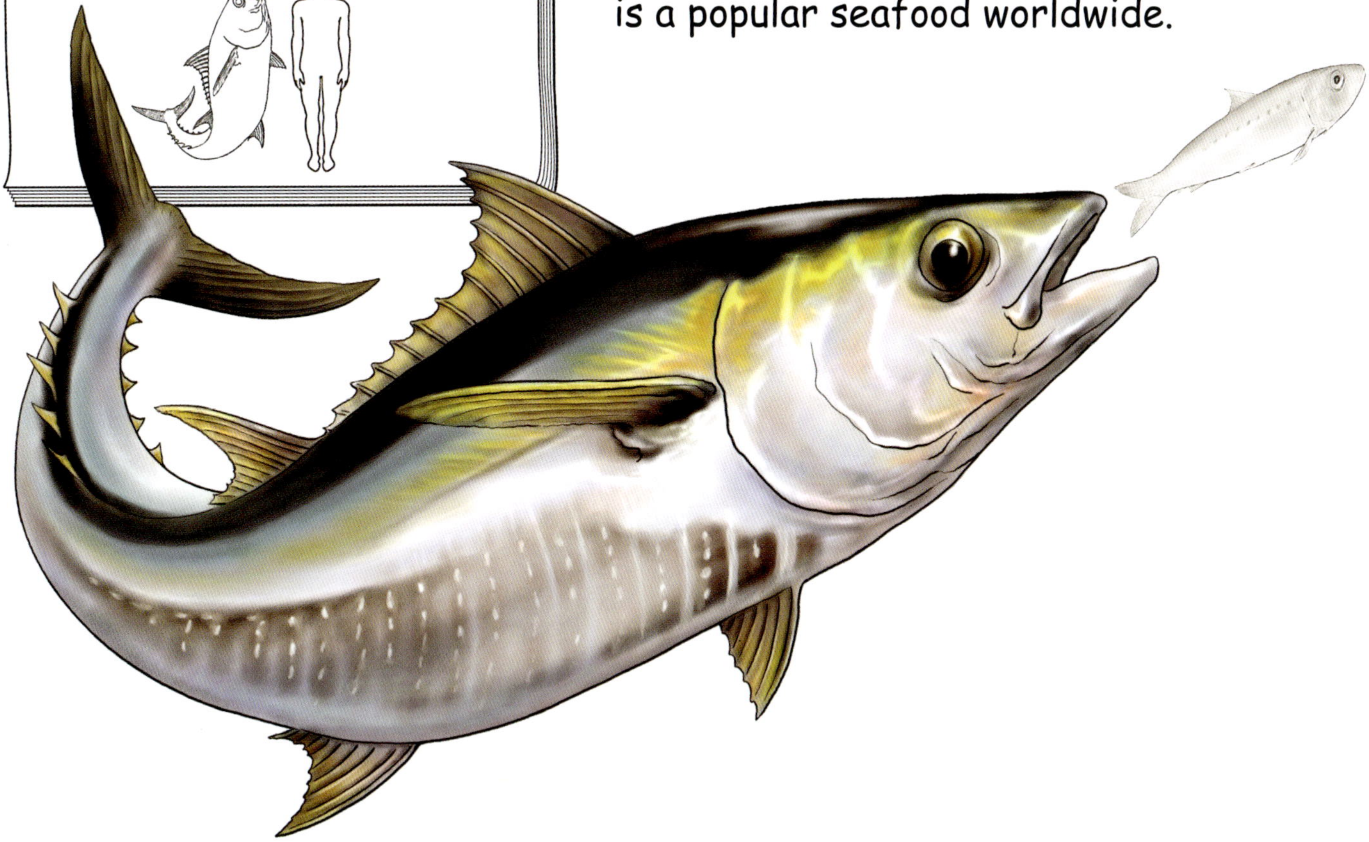

Geelvintuna

Hierdie visse kan baie vinnig swem – tot so vinnig as 80 kilometer per uur. Hulle reis baie groot afstande oor die oseane en jag vis en pylinkvisse. Tuna is 'n uiters gewilde seekos wêreldwyd.

Inhlanzi enephiko eliphuzi

Lolu wuhlobo lwezinhlanzi oluhamba ngesivinini esiphezulu futhi zingabhukuda ibanga elingaye lifinyelele kumakhilomitha angama-80 ngehora. Luhamba ibanga elide ngaphakathi olwandle olukhulu kanti luzingela ezinye izinhlanzi. Lolu hlobo lwenhlanzi luwukudla okudumile nokuthandwa kakhulu emhlabeni wonke.

Ityhuna eliphiko lityheli

Ezi ntlanzi zihamba ngokukhawuleza zidada ngamendu aphelela kuma-80 eekhilomitha ngeyure. Zihamba imigama emide ukunqumleza ulwandle kwaye zizingela intlanzi neskwidi. Ityhuna ikukutya kwaselwandle okuyindumasi ehlabathini jikelele.

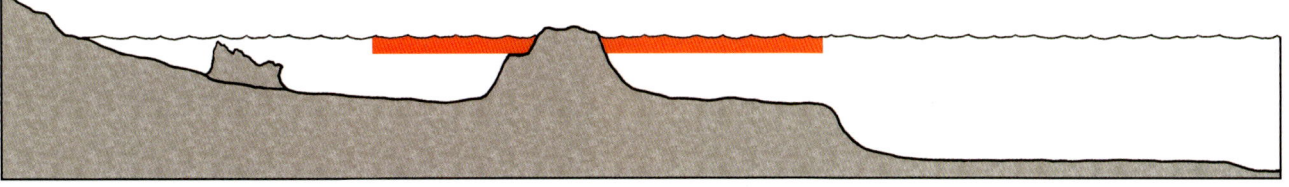

Giant yellowtail

Yellowtail have a yellow stripe down their sides. These large fish swim in shoals that hunt sardines and other fish. They are an important seafood and fishermen catch them using fishing lines or long nets.

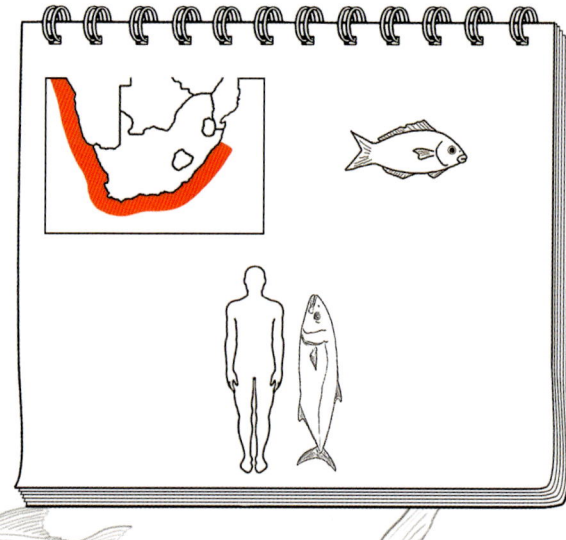

Reusegeelstert

Geelstert het 'n geel streep langs hul sye af. Hierdie groot visse swem in skole wat sardyne en ander visse jag. Hulle is 'n belangrike seekos en vissermanne vang hulle met vislyne of lang nette.

Inhlanzi enomsila omkhulu ophuzi

Lezi zinhlanzi eziwumsila omkhulu ophuzi zinomugqa ophuzi ezinhlangothini zazo. Lezi zinhlanzi ezinkulu zibhukuda zingumhlambi zizingele amasayidini kanye nezinye izinhlobo zezinhlanzi. Ziwukudla okubalulekile kanti abadobi bavame ukuzibamba besebenzisa izindobo kanye namanetha amade.

Ingxilimbela emsila utyheli

Iingxilimbela ezimsila utyheli zinomgca otyheli ohla emacaleni. Ezi ntlanzi zinkulu zidada zilingqina elizingela igquba leentlanzi ezincinanana nezinye iintlanzi. Zikukutya kwaselwandle okubalulekileyo kwaye abalobi bazibamba ngokusebenzisa ihuku neminatha emide.

Hake

Hake live in deep water, close to the ocean floor. They are caught in huge nets dragged over the seabed, or on hooks tied to very long fishing lines. Hake are often sold as fish and chips.

Stokvis

Stokvis woon in diep waters naby aan die seebodem. Hulle word in groot nette gevang wat oor die seebedding gesleep word of met hoeke wat aan baie lang lyne gebind word. Stokvis word dikwels as vis en skyfies verkoop.

Iheyikhi

Amaheyikhi ahlala phansi ekujuleni kwamanzi eduzane impela nephansi lolwandle. Abanjwa kumanetha amakhulu asuke ehudulwa kumbhede wephansi lolwandle, noma zibanjwe ngamahhuku aboshelwe odobeni olude. Amaheyikhi avame ukuthengiswa njengokudla okuyinhlanzi namashipsi.

Iheykhi

Iiheykhi zihlala emanzini anzulu, kufutshane nomgangatho wolwandle. Zibanjwa ngeminatha emikhulu erhuqwa kungqameko lolwandle, okanye iihuku ezibotshelelwe kwiintambo zokuloba ezinde kakhulu. Iiheykhi zithengiswa njengentlanzi neetapile ezigcadiweyo amaxesha amaninzi.

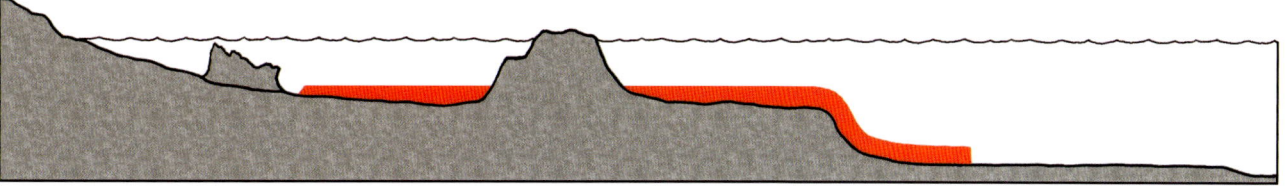

Pilchard

Also called sardines, these small fish live in huge schools. As they swim, they open their mouths and sieve tiny creatures from the water. Pilchards are eaten by fish, dolphins, sharks, penguins – and people.

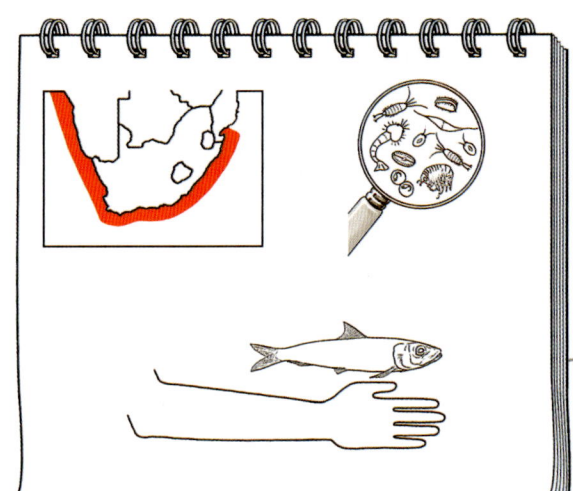

Sardientjies

Hierdie visse woon in enorme groot skole en word ook sardyne genoem. Terwyl hulle swem maak hulle hul bekke oop en filtreer hulle klein diertjies uit die seewater. Sardientjies word geëet deur ander visse, dolfyne, haaie, pikkewyne – en ook die mens.

Iphilishadi

Lolu hlobo lwenhlanzi lubuye lwaziwe ngokuthi yisayidini, kanti lezi zinhlobo zenhlanzi zihlala zibe ziningi ndawonye. Uma zibhukuda, zivula imilomo yazo bese zisefa izilwane ezincane emanzini. Amaphilishadi adliwa ezinye izinhlanzi, amahlengethwa, oshaka, amaphengwini – kanye nabantu imbala.

Ipiltshadi

Zikwabizwa njengeentlanzi ezincinane eziba ligquba, ezi ntlanzi zincinane zihlala ziligquba elikhulu. Ngeli lixa zidadayo, zivula imilomo yazo zihluze izilwana ezincinci emanzini. Iipiltshadi zityiwa ziintlanzi, amahlengesi, oonombombiya nabantu.

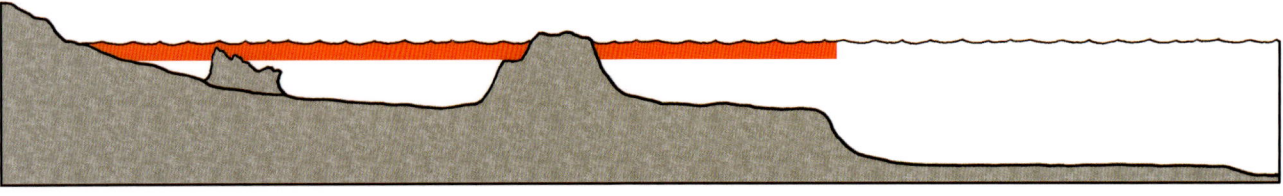

Flying fish

Flying fish are common in warm oceans. They leap out of the water to escape predators below. Using their side fins as wings, they can glide above the water for long distances.

Vlieënde visse

Vlieënde visse kom algemeen voor in warm oseane. Hulle spring uit die water om weg te kom van predatore af. Deur hul syvinne te gebruik as vlerke kan hulle oor die water sweef vir lang afstande.

Inhlanzi endizayo

Izinhlanzi ezindizayo zivame ukubonakala olwandle olufudumele. Ziyaye zigxume ziphume emanzini ukuze zibalekele lezo zilwane ezizidlayo ezihlala ngaphansi kolwandle. Zisebenzisa izimpiko zazo ukushelela ngaphezu kwamanzi amabanga amade.

Iintlanzi ezibhabhayo

Iintlanzi ezibhabhayo zixhaphake kumalwandle afudumeleyo. Zixhuma ziphumele ngaphandle emanzini ukubaleka kwizidla-nyama ngaphantsi. Zisebenzisa amaphiko azo asemacaleni njengeempiko zokubhabha zinakho ukushebeleza ngaphezulu kwamanzi umgama omde.

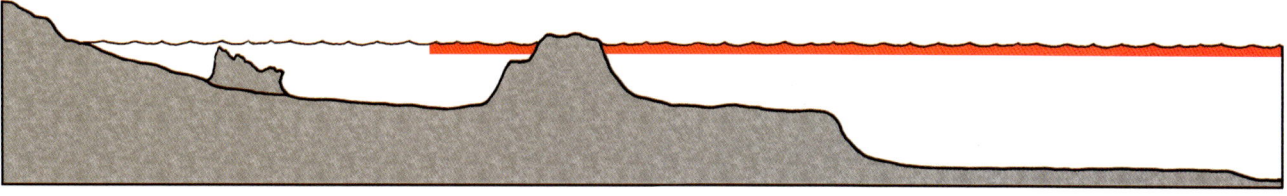

35

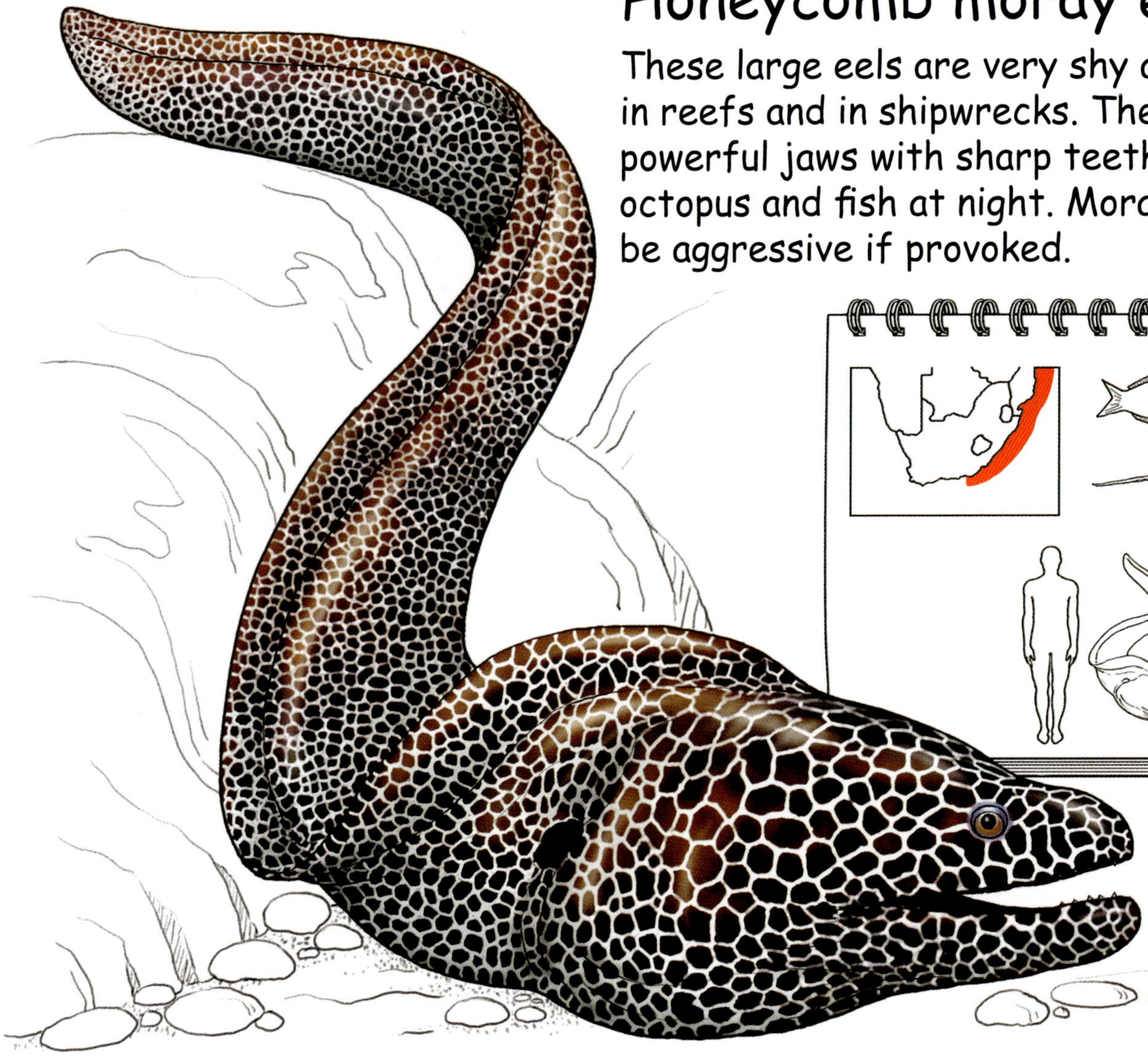

Honeycomb moray eel ⚠

These large eels are very shy and hide in reefs and in shipwrecks. They have powerful jaws with sharp teeth and hunt octopus and fish at night. Moray eels can be aggressive if provoked.

Heuningkoek-bontpaling

Hierdie groot palings is uiters skugter en kruip weg in riwwe en skeepswrakke. Hulle het sterk kake met vlymskerp tande en maak snags jag op seekatte en vis. Bontpalings kan aggressief optree indien hulle uitgelok word.

Umbokwane oyikhekheba lezinyosi

Imibokwane emikhulu iyizinhlanzi ezinamahloni futhi icasha othungeni lwamatshe ngaphansi kwamanzi kanye nakwizingcezu ezisala uma kade kuzike umcimbi. Inemihlathi eqinile namazinyo abukhali kanti izingela amangwane kanye nezinhlanzi ebusuku. Imibokwane ingaba nodlame uma ichukuluzwa.

Ipalanga yoqaqa

Ezi palanga zinkulu zibuntloni kwaye zizimela kuqaqa nakubugoxo beenqanawa ezonakeleyo. Zinemihlathi eyomeleleyo namazinyo abukhali kwaye zizingela iingwane neentlanzi ebusuku. Iipalange zoqaqa zineengcwangu xa zixhokonkxiwe.

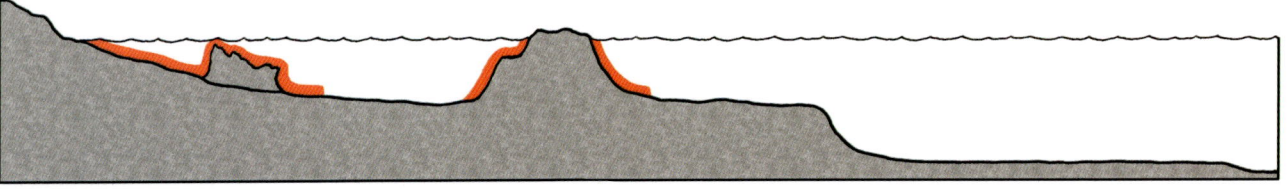

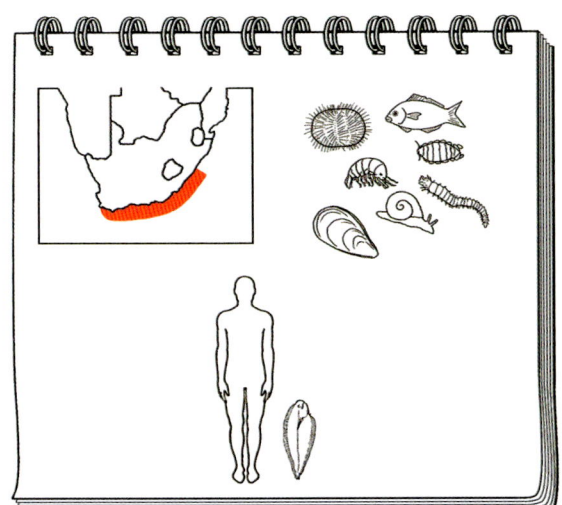

East coast sole

Soles lie flat on one side so that they are half-buried on the seabed. Both eyes are on the upper side so that they can watch for predators. Soles suck up small animals from the mud underneath them.

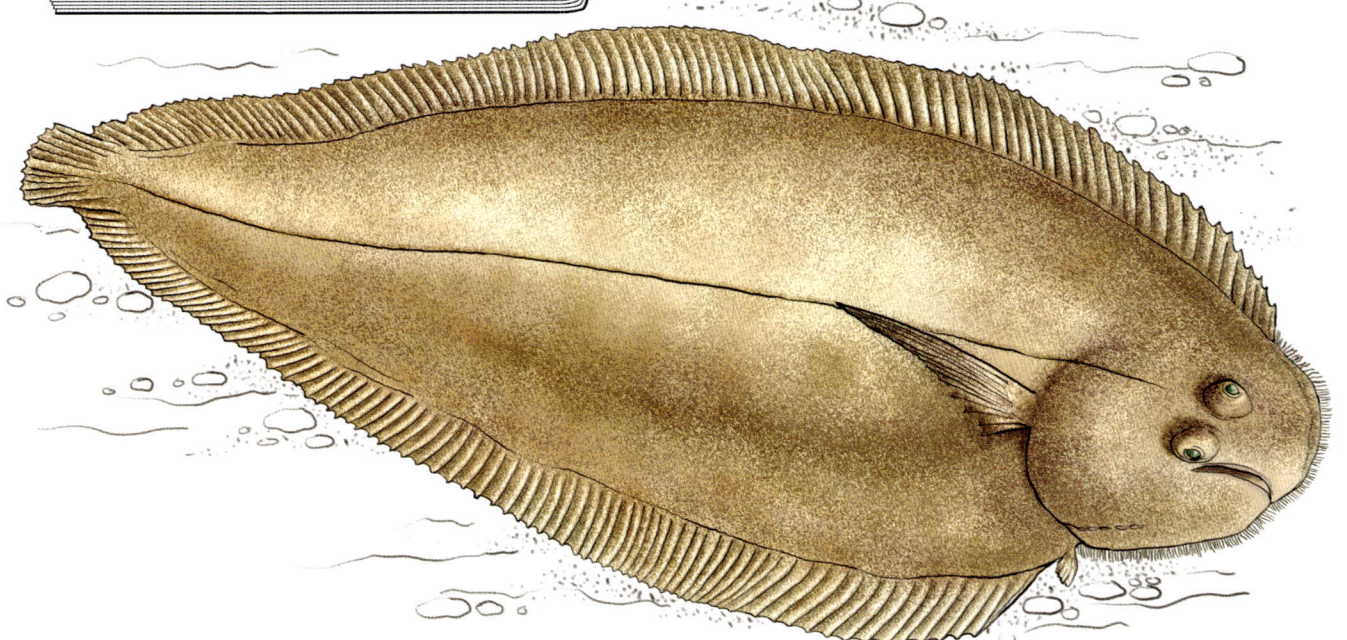

Ooskus-tongvis

Tongvisse lê plat op een sy op die seebodem sodat hulle halfpad begrawe is in die sand. Beide hul oë sit aan die bokant sodat hulle op die uitkyk kan wees vir predatore. Tongvisse suig klein diertjies op uit die modder onder hulle.

Isicaba sogu lwaseMpumalanga

Izicaba zivele zilale phansi zibe yizicaba kangangokuthi olunye uhlangothi lwazo lufihleka kwiphansi lolwandle. Amahlelo azo womabili angaphezulu ukuze zikwazi ukubona lezo zilwane ezizingelayo zingazihlaseli. Izicaba zimunca izilwane ezincane ezisuke zinamathele phansi odakeni ngaphansi kwazo.

Isoli yonxweme lwempuma

Iisoli zilala zithi nca ngecala zibe bungcwabeka ngokusisiqingatha kumgangatho wolwandle. Omabini amehlo akwicala elingaphezulu ukuze zibone izidla-nyama. Iisoli zifunxa izilwanyana ezincinci eludakeni olungaphantsi kwazo.

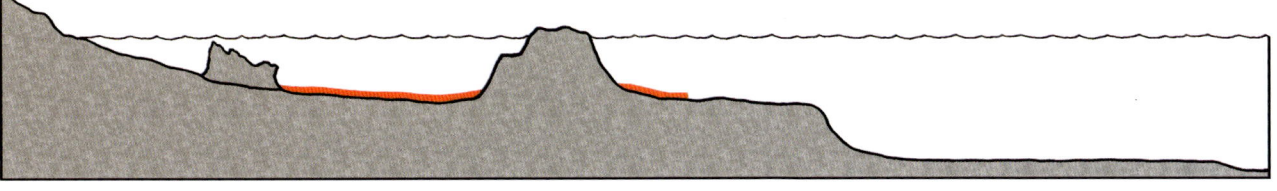

Knysna seahorse

These endangered seahorses are found among seagrasses in only three estuaries in South Africa. The male carries the female's eggs in a pouch on his stomach until the tiny seahorses hatch.

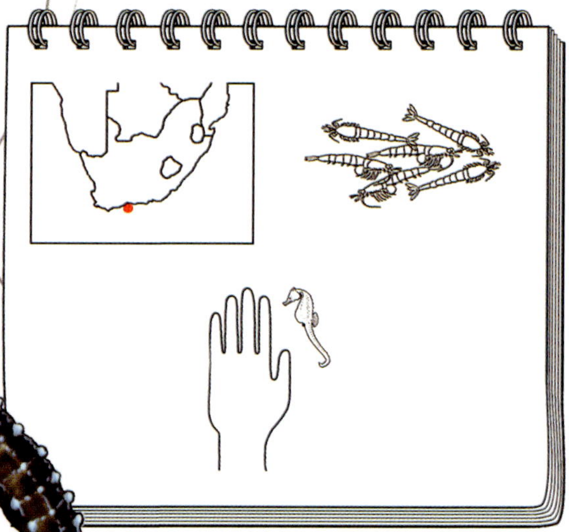

Knysna-seeperdjie

Hierdie bedreigde seeperdjies word tussen die seegras in slegs drie riviermondings in Suid-Afrika aangetref. Die mannetjies dra die wyfies se eiers in 'n buidel op hul pense totdat die klein seeperdjies uitbroei.

Ihhashi lolwandle laseKnysna

Lawa mahhashi olwandle asenkingeni yokushabalala atholakala phakathi kotshani basolwandle kwizindawo ezintathu kuphela kwizilwandle zaseNingizimu Afrika. Elesilisa lithwala amaqanda esikhwaneni salo esisesiswini kuze kuba kuchanyiselwa amanye amahhashi olwandle amancane.

Intlanzi entloko ibuhasherha yaseKnysna

Ezi ntlanzi zintloko ibuhasherha zisemngciphekweni wokuphela bafumaneka kuhlaza lwaselwandle kwimilomo yemilambo emikhulu emithathu kuphela eMzantsi Afrika. Iduna ithwala amaqanda ebhinqa kwisingxobo esisesiswini salo de iintlanzi ezintloko ibuhasherha ezincinci ziqanduselwe.

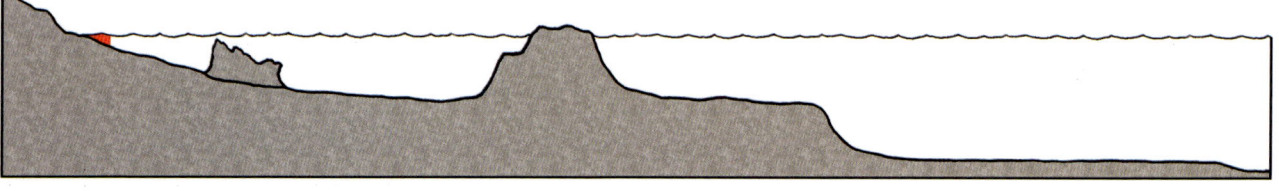

Devil firefish

Devil firefish often hunt on the outer slopes of coral or rocky reefs at night. Their fin spines are highly venomous and a danger to humans. Young firefish may live in tidal pools on the seashore.

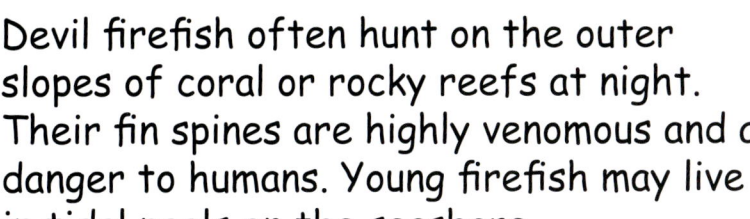

Duiwel-vuurvis

Die duiwel-vuurvis jag dikwels op die buitenste hellings van rotsagtige riwwe of koraalriwwe. Hul vinstekels is uiters giftig en gevaarlik vir die mens. Jong vuurvisse woon soms in getypoele langs die kus.

Inhlanzi yomlilo kaSathane

Izinhlanzi eziyimililo kaSathane zizingela ngaphandle kwendawo eyakhiwe amathambo ezilwane esezafa kanye nezitshalo esezabuna. Lokhu zikwenza ebusuku. Imihlandla yazo esamaphiko inobuthi futhi iyingozi kubantu. Ezinhlanzi eziyimililo kaSathane ezisencane kuyenzeka zizihlalele kumaxhaphozana abangwa amagagasi olwandle nawatholakala osebeni lolwandle.

Intlanzi engumtyholi

Iintlanzi ezingumtyholi amaxesha amaninzi zizingela kuqaqa nakwikorale ebusuku. Amaphiko azo asemqolo anetyhefu kakhulu kwaye ayingozi ebantwini. Iintlanzi ezingabatyholi ezincinci zingahlala kumaqulana emisinga elunxwemeni.

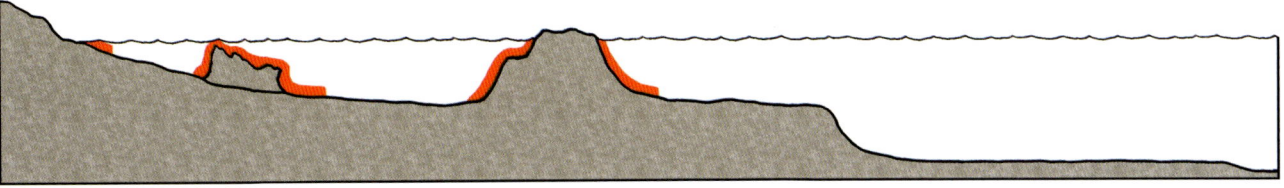

Twobar clownfish

Clownfish protect themselves from predators by living among the stinging tentacles of large sea anemones. The anemones do not sting the clownfish, but will attack and eat other fish that come too close.

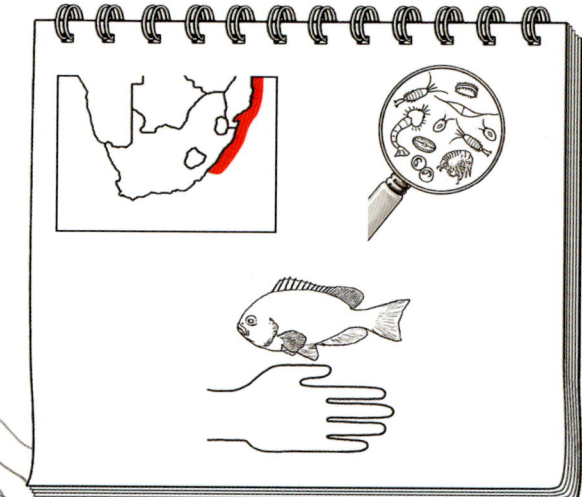

Narvis

Narvisse beskerm hulself teen predatore deur tussen die steektentakels van die groot see-anemone te woon. Die see-anemone steek nie die narvisse nie, maar sal enige ander visse wat dit te naby aan hulle waag, aanval en opvreet.

Inhlanzi eyihlaya enemidwa emibili

Izinhlanzi ezingamahlaya zizivikela kwizilwane ezizidlayo ngokuthi ziphile phakathi kwemilenzana noma izingalwana zezinye izilwane ezinkulu eziphila olwandle. Lezi zilwane ezinkulu eziphila olwandle azizitinyeli izinhlanzi ezingamahlaya, kodwa ezinye izinhlanzi ziyazihlasela futhi zizidle uma zisondela eduze kwazo.

Intlanzi ehlekisayo emabamba mabini

Iintlanzi ezihlekisayo zizikhusela kwizidla-nyama ngokuhlala kumeva okanye ulwamvila lwezityalo eziphilayo ezikhulu zaselwandle. Ezi zityalo azizihlabi iintlanzi ezihlekisayo, kodwa ziyazihlasela zizitye ezinye iintlanzi ezisondela kakhulu.

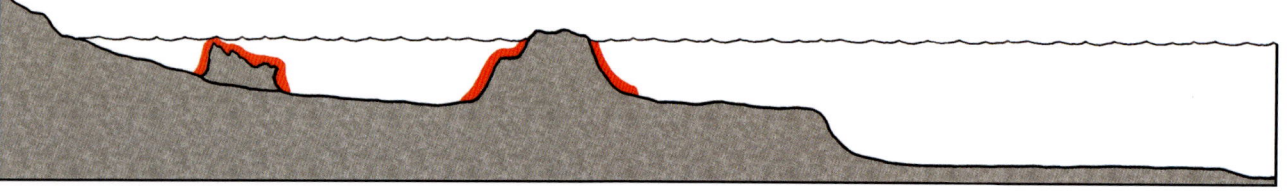

Bluestreak cleaner wrasse

Cleaner wrasse live on coral reefs and do a special dance to attract attention. Other fish then queue up so that the wrasse can eat their lice and clean their teeth and wounds.

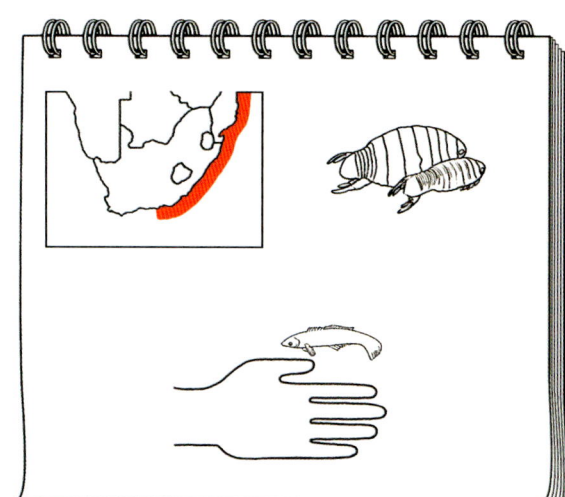

Bloulint-lipvis

Lipvisse woon op koraalriwwe en doen 'n spesiale dans om aandag te trek. Ander visse swem dan nader sodat die lipvisse die luise wat op hulle is, kan opvreet en hul tande en wonde kan skoonmaak.

Inhlanzi engumashanela ogqize ngemidwa eluhlaza okwesibhakabhaka

Inhlanzi engumashanela ihlala kwindawo eyakhiwe amathambo ezilwane ezifela olwandle kanye nokubuna kwezimila zasolwandle, kanti lezi zinhlobo zezinhlanzi zinomdanso wazo othile eziwenzayo ngoba zifuna ukubukwa. Ezinye izinhlanzi ziyaye bese zishaya ujenge zilindele ukuthi lolu hlobo lwenhlanzi luzichuthe izintwala bese luzihlanza namazinyo azo kanye nezilonda.

Intlanzi emzuba engumcoci

Iintlanzi ezingabacoci zihlala kuqaqa kwaye zenza umdaniso okhethekileyo ukutsala uqwalaselo. Ezinye iintlanzi ziyadwela ukuze iintlanzi ezingabacoci zitye iintwala zazo, zicoce amazinyo nezilonda zazo.

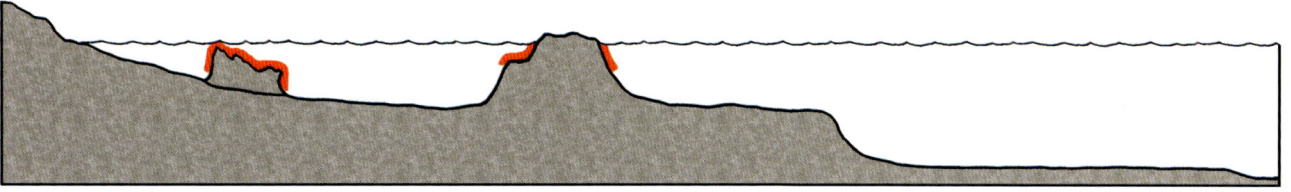

Emperor angelfish

Angelfish are some of the most beautiful fish on coral reefs. They occur alone or in pairs, and defend their space by attacking intruders. The young do not look at all like their parents.

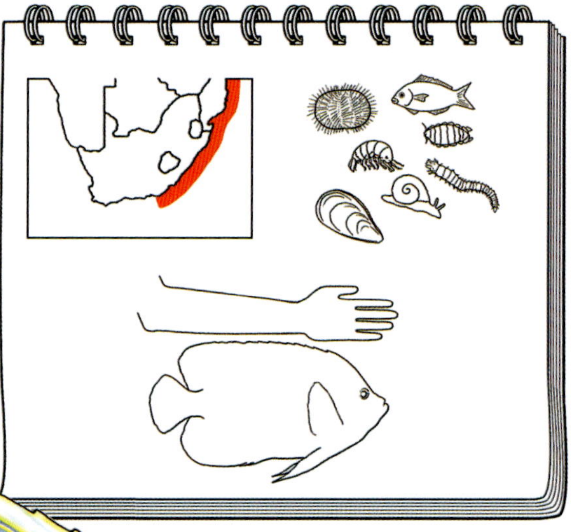

Keiser-engelvis

Engelvisse is van die mooiste visse wat op koraalriwwe aangetref word. Hulle woon alleen of kom in pare voor en verdedig hul gebied deur oortreders aan te val. Die kleintjies lyk glad nie soos hul ouers nie.

Inhlanzi eyingelosi engumbusi

Izinhlanzi eziyingelosi ezinye zezinhlanzi ezinhle kakhulu nezihlala kwizimila zolwandle. Zivame ukuba yizinkomo ezidla zodwana noma zihambe ngazimbili, futhi zivame ukuvikela indawo yazo lapho zikhona ngokuhlasela noma yini ezozisukela endaweni yazo. Izingane zazo azifani neze nabazali bazo.

Intlanzi eyingelosi yobukumkani

Iintlanzi eziiingelosi zezinye zezona ntlanzi zintle zoqaqa. Zifumaneka zizodwa okanye zingambini, kwaye zikhusela indawo yazo ngokuhlasela iziphazamiso. Inzala yazo ayifani kwaphela nabazali.

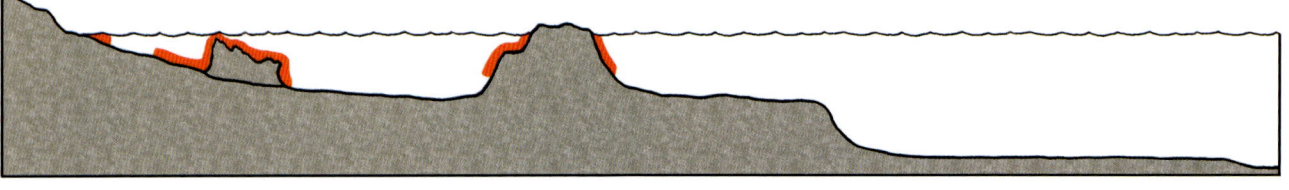

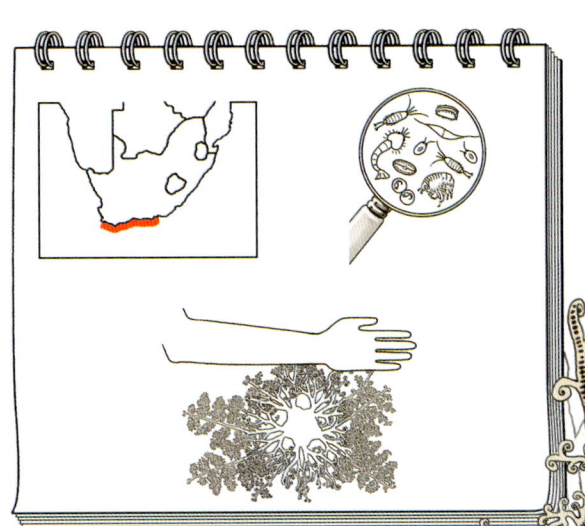

Basket star

Basket stars are related to brittlestars and starfish. They feed by stretching their many branching arms across sea fans to form a basket. The tips of the arms catch small animals floating by in the water.

Mandjie-seester

Mandjie-seesterre is verwant aan slangsterre en gewone seesterre. Hulle kry hul kos deur hul groot aantal vertakte arms oor waaierkoraal uit te strek om 'n mandjie te vorm. Die punte van hul arms vang klein diertjies wat in die water verbydryf.

Umpetha kabhasikidi

Ompetha bakabhasikidi wuhlobo lwezinhlanzi ezisondelene nenhlanzi evendlezekile kanye nenhlanzi enezingalo eziningi. Lolu hlobo lwenhlanzi luzondla ngokusebenzisa izingalo zazo eziningi zedlule kumashayamoya olwandle ukuze kwenzeke okusabhasikidi. Amachopho ezingalo zabo ayaye bese abamba izilwane ezincane ezintanta eduze nayo emanzini.

Intlanzi ebubhaskithi

Iintlanzi ezibubhaskithi zalamene neentlanzi ezibunkwenkwezi. Zizondla ngokwelula amasetyana azo azingalo amaninzi ukubumba ibhaskithi. Iincam zeengalo zibamba izilwanyana ezincinci ezidada zigqitha.

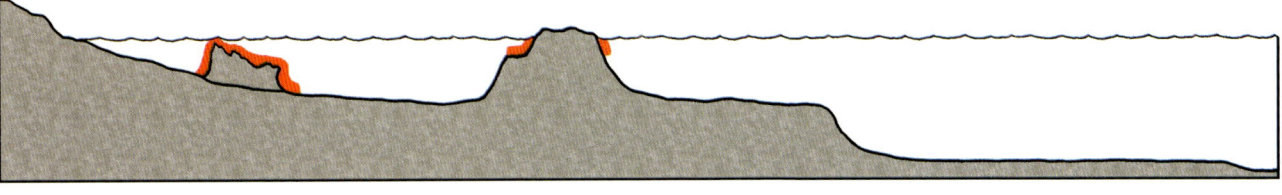

Crown-of-thorns starfish

These big starfish eat the small animals that form coral. Large groups of them can destroy whole coral reefs, leaving only the dead skeletons. Their spines are venomous.

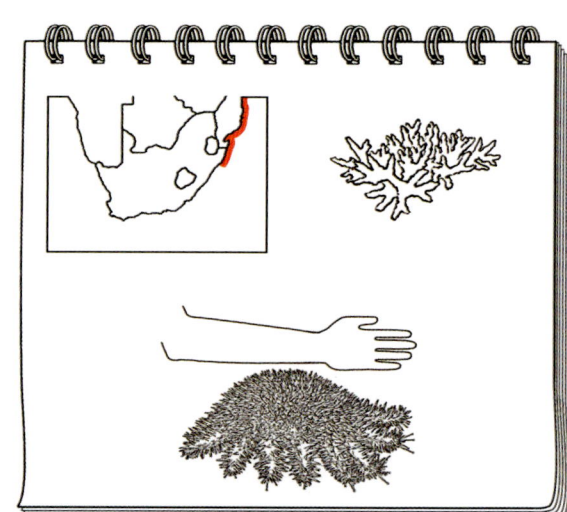

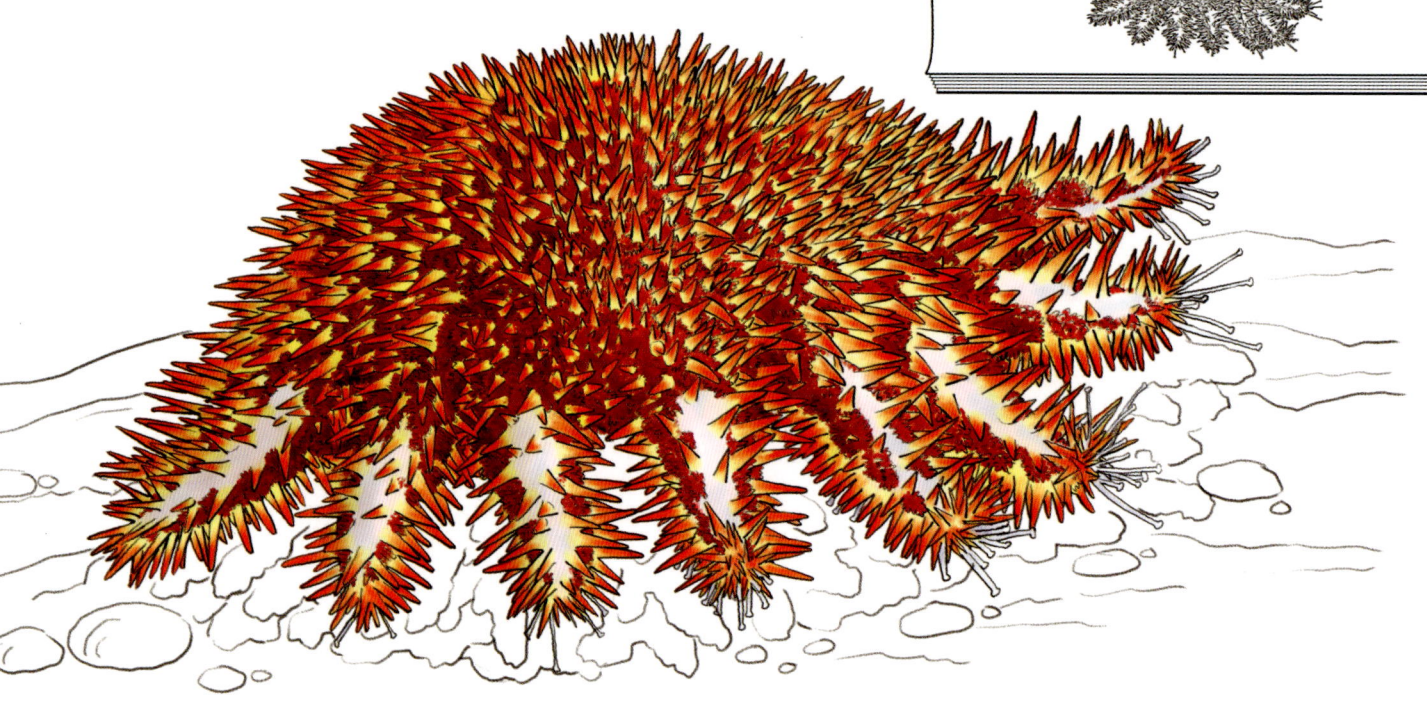

Doringkroon-seester

Hierdie groot seesterre vreet die klein diertjies waaruit koraalriwwe bestaan. Groot groepe van hierdie seesterre kan hele koraalriwwe vernietig en net die dooie geraamtes agterlaat. Hul stekels is giftig.

Ungalozinhlanu onomqhele wameva

Laba ongalo zinhlanu badla izilwane ezincane ezenza izimila zolwandle. Uma ziyiqulu elikhulu zikwazi ukubulala lokho okumila kwiphansi lolwandle zishiye kuphela izinhlaka ezifile kuphela. Imigogodla yazo inobuthi.

Intlanzi ebunkwenkwezi enesithsaba sameva

Ezi ntlanzi zinkulu zibunkwenkwezi zitya izilwanyana ezincinci ezenza ikorale. Iminqonqo yazo inetyhefu.

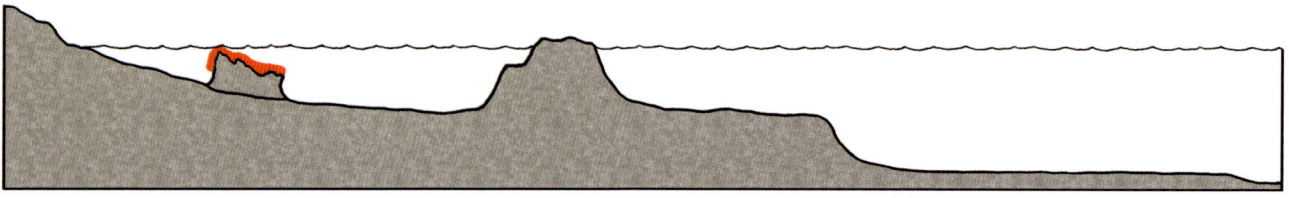

Needle urchin

Needle urchins live on coral and rocky reefs in warm waters, where they feed on algae. Their sharp spines contain mild venom that protects them from predators.

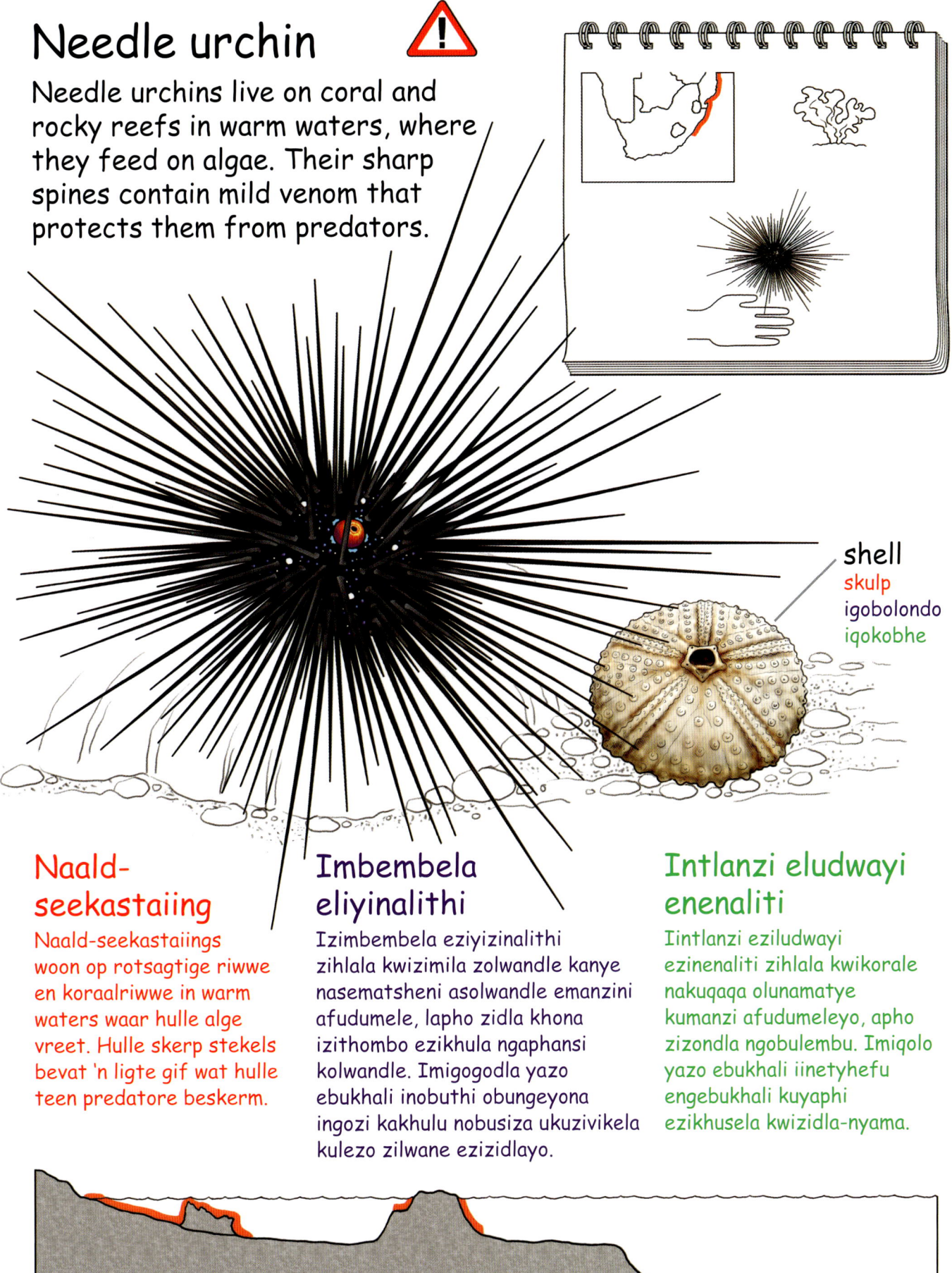

shell
skulp
igobolondo
iqokobhe

Naald-seekastaiing

Naald-seekastaiings woon op rotsagtige riwwe en koraalriwwe in warm waters waar hulle alge vreet. Hulle skerp stekels bevat 'n ligte gif wat hulle teen predatore beskerm.

Imbembela eliyinalithi

Izimbembela eziyizinalithi zihlala kwizimila zolwandle kanye nasematsheni asolwandle emanzini afudumele, lapho zidla khona izithombo ezikhula ngaphansi kolwandle. Imigogodla yazo ebukhali inobuthi obungeyona ingozi kakhulu nobusiza ukuzivikela kulezo zilwane ezizidlayo.

Intlanzi eludwayi enenaliti

Iintlanzi eziludwayi ezinenaliti zihlala kwikorale nakuqaqa olunamatye kumanzi afudumeleyo, apho zizondla ngobulembu. Imiqolo yazo ebukhali iinetyhefu engebukhali kuyaphi ezikhusela kwizidla-nyama.

Red-chested sea cucumber

These animals form dense orange carpets on rocks. They hold their frilly feeding arms up in the water to catch plankton. The female keeps her eggs in pouches on her skin until they hatch.

Rooi seekomkommer

Hierdie diertjies vorm digte oranje tapyte oor die rotse. Hulle hou hul gefrilde voedingsarms in die water om plankton mee te vang. Die wyfie hou haar eiers in sakkies op haar vel totdat hulle uitbroei.

Ukhukhumba wolwandle onesifuba esibomvu

Lezi zilwane zenza ukhaphethe ocinene onombala osawolintshi emadwaleni. Zihlala ngokulengisela emanzini izingalo zalo eziyizimfekethiso ezizondla ngazo ukuze zikwazi ukubamba ama-plankton. Ezesifazane zigcina amaqanda azo ezikhwameni zazo esikhunjeni kuze kuba ayachanyiselwa.

Inkonkomire yaselwandle esifuba sibomvu

Ezi zilwanyana zenza ikhaphethi e-orenji exineneyo ematyeni. Ziphakamisa iingalo zazo ezihonjisiweyo ukuze zibambe iplankthoni. Eyimazi igcina amaqanda ayo kwizingxobo ezikulusu lwayo de aqanduselwe.

Giant clam

Giant clams live mainly on coral reefs. They feed on plankton, while special algae that live in the bright frilly edges of their bodies give them extra food.

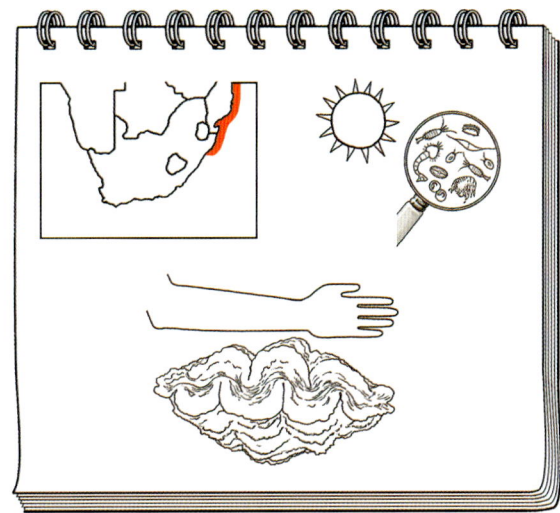

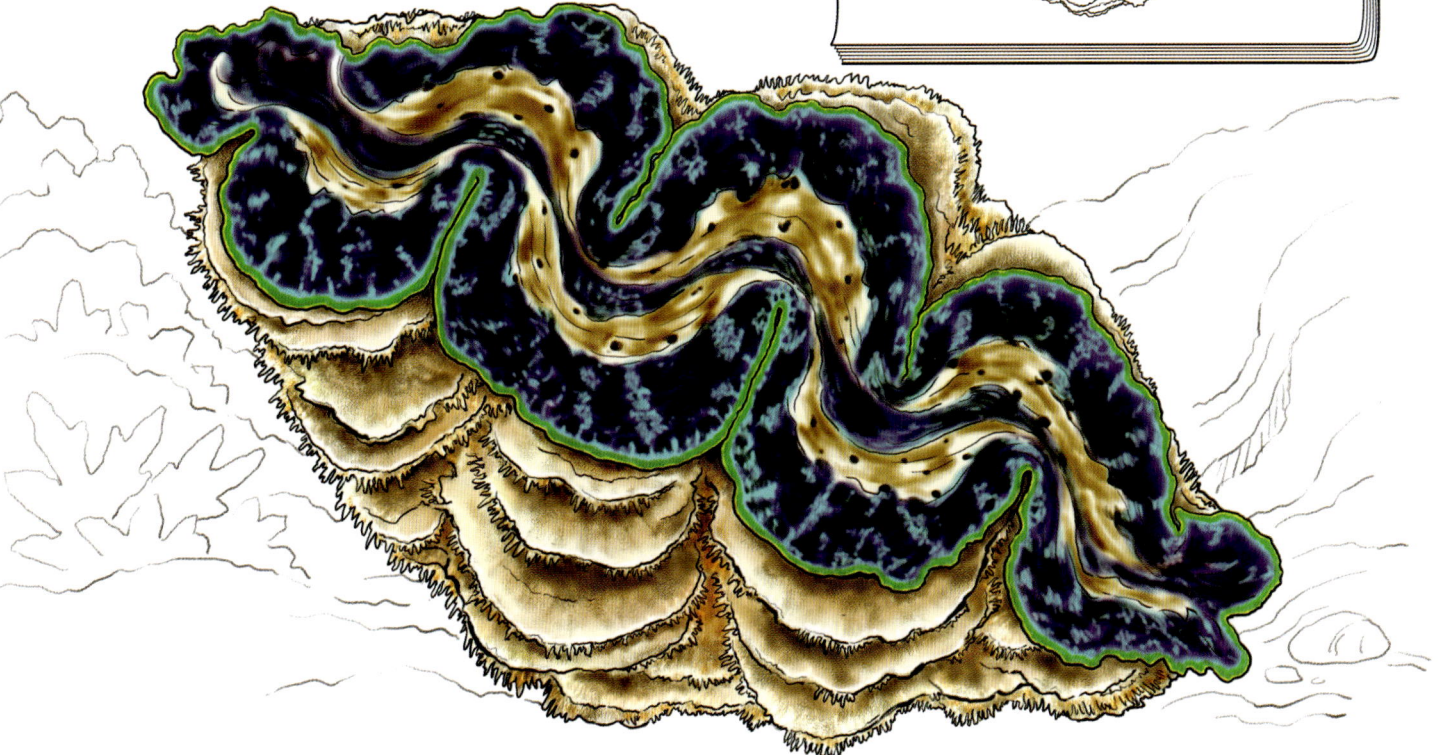

Reuse-gapermossel

Reuse-gapermossels woon hoofsaaklik op koraalriwwe. Hulle vreet plankton terwyl die spesiale alge wat op hul helderkleurige gefrilde rande woon vir hulle ekstra kos gee.

Imbaza enkulu

Izimbaza ezinkulu isikhathi esiningi zihlala ezindaweni ezakhiwe ukubuna kwezilwane kanye nezimila zasolwandle. Ziphila ngokudla ama-plankton, bese kuthi ezinye izimila zasolwandle eziba seduzane nemizimba yazo zizinika okunye ukudla okwengeziwe.

Imbaza enkulu

Iimbaza ezinkulu ikakhulu zihlala kuqaqa lwekorale. Zitya iplankthoni, ngeli lixa ubulembu obukhethekileyo obuhlala kumqukumbelo ohonjisiweyo oqaqambileyo buzinika ukutya okukokunye.

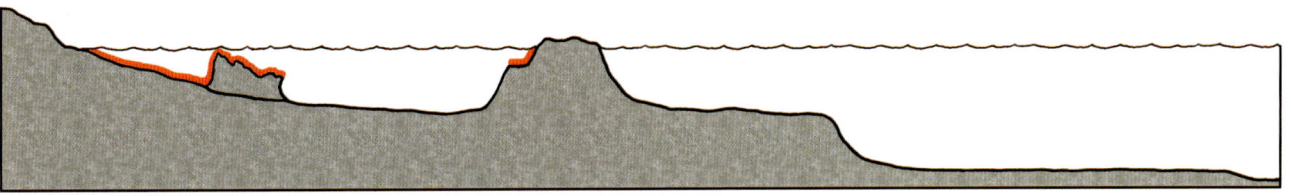

Abalone

This shellfish eats seaweeds and only breeds when it's 10 years old. So many have been collected that few are left in the sea. They are now grown in abalone farms and sold for eating.

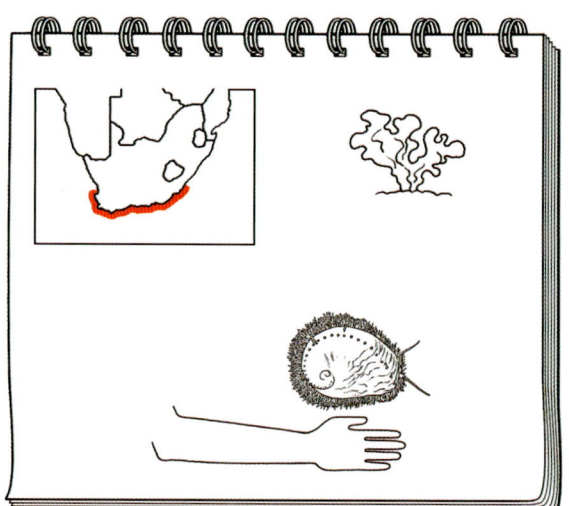

shell
skulp
igobolondo
iqokobhe

Perlemoen

Hierdie skulpvis vreet seegrasse en begin eers aanteel wanneer hulle 10 jaar oud is. Soveel van hulle is al uit die see gehaal dat daar baie min perlemoen oor is. Hulle word nou in perlemoenplase geteel en vir menslike gebruik verkoop.

Imbaza

Lolu hlobo lwenhlanzi eligobolondo ludla ukhula lwasolwandle kanti luqala ukuzala uma seluneminyaka yobudala eyi-10. Ziningi kakhulu izimbaza esezithathwe ngabantu njengoba sekusele ezincane kakhulu olwandle. Kumanje sezifuywa emapulazini ezimbaza bese zithengiswa ukuze zidliwe.

I-abhaloni

Ezi ntlanzi zineqokobhe zitya ukhula lolwandle kwaye ziqalisa ukwenza abantwana xa zineminyaka eli-10 kuphela. Zininzi kakhulu eziqokelelweyo kwaye zimbalwa ezishiyekileyo elwandle. Kungokunje zikhuliswa kwiifama ze-abhaloni zithengiselwe ukutyiwa.

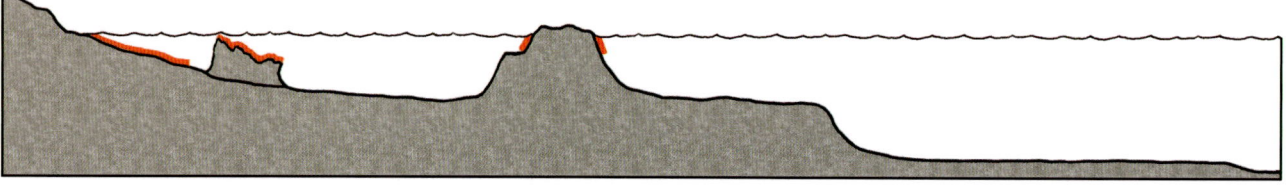

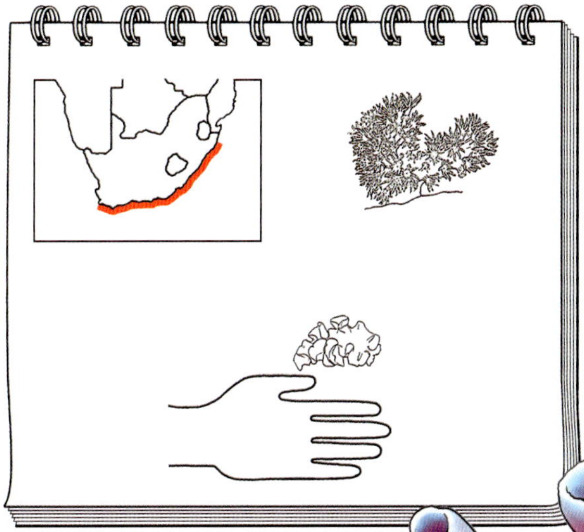

Frilled seaslug

Seaslugs have soft bodies with no shells. They are often brightly coloured to show that they do not taste good. This large, frilly seaslug contains a chemical that could help to treat diseases in humans.

Gefrilde naakte seeslak

Naakte seeslakke het sagte liggame sonder enige skulpe. Hulle is dikwels helderkleurig om te wys dat hulle nie lekker smaak nie. Hierdie groot, gefrilde seeslak bevat 'n chemikalie wat moontlik kan help om siektes in mense te beveg.

Ugabalazana lolwandle oluhlobile

Izingabalazana zolwandle zinemizimba ethambile kanti azinazo izingobolondo. Zivame ukuba nombala ogqamile nezikhombisa ngawo ukuthi azimnandi neze. Lolu gabalazana lolwandle oluhlobile lunobuthi obuthile kulona olungasebenza ukwelapha izifo zabantu.

Inyoka yolwandle ehonjisiweyo

Iinyoka zaselwandle zinemizimba ethambileyo engenamaqokobhe. Uninzi lunemibala eqaqambileyo ukubonakalisa ukuba azinancasa. Le nyoka yolwandle inkulu, ihonjisiweyo inekhemikhali enokunceda ekunyangeni izifo ebantwini.

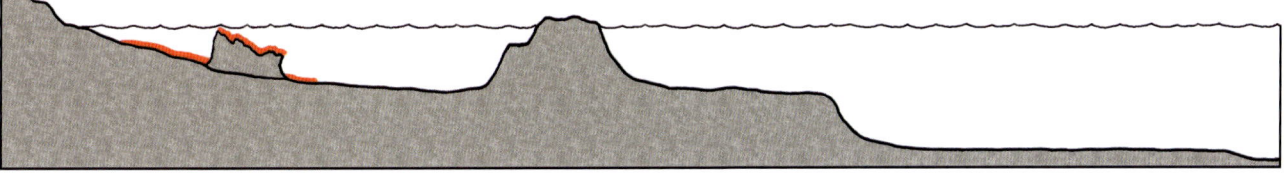

49

Sea swallow

This unusual seaslug swallows air, which enables it to float at the surface. It hangs upside down and feeds on bluebottles, then uses their stinging cells to protect itself against predators.

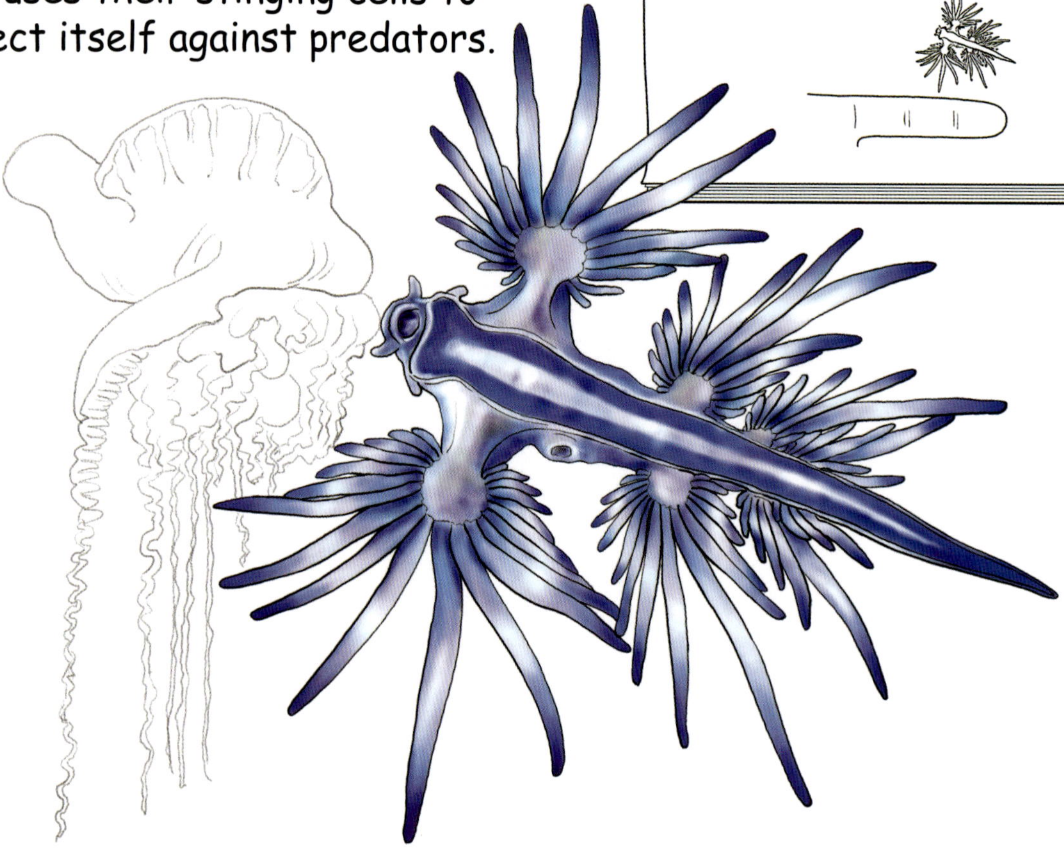

Seeswaeltjie

Hierdie ongewone naakte seeslakke sluk lug in wat hulle dan in staat stel om te dryf naby aan die water se oppervlak. Hulle hang onderstebo in die water en vreet bloublasies. Daarna gebruik hulle die bloublasies se netelselle om hulself teen predatore te beskerm.

Inkonjane yolwandle

Lolu gabazana lolwandle olungejwayelekile lugwinya umoya, nokwenza ukuthi lukwazi ukuzintantela nje ngaphezu kwamanzi. Luvame ukujikela lugebise ikhanda ludle amabhodlela aluhlaza, bese lusebenzisa amangqamuzana alo atinyelayo ukuzivikela kwizilwane eziludlayo.

Inkonjane yolwandle

Le nyoka yolwandle ingaqhelekanga iginya umoya, othi wenze ibenakho ukudada kumphezulu. Ijinga ijongise intloko ezantsi kwaye itya oohodoshe, ize isebenzise iiseli zayo ezinolwamvila ukuzikhusela kwizidla-nyama.

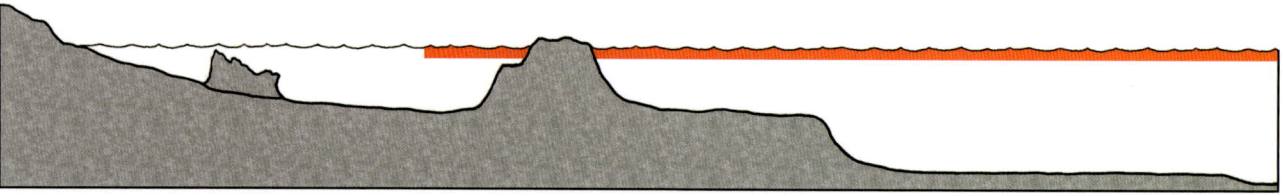

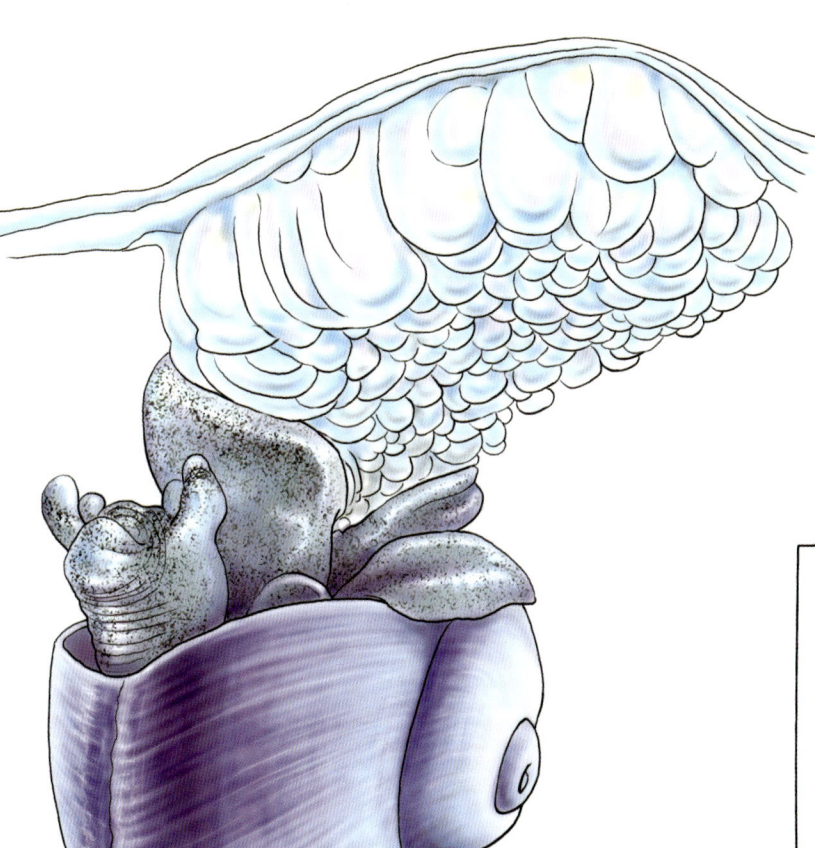

Bubble-raft shell

These snails make floating rafts of slimy air bubbles so that they can hang upside down at the water's surface and hunt bluebottles. Their thin purple shells often wash up on beaches.

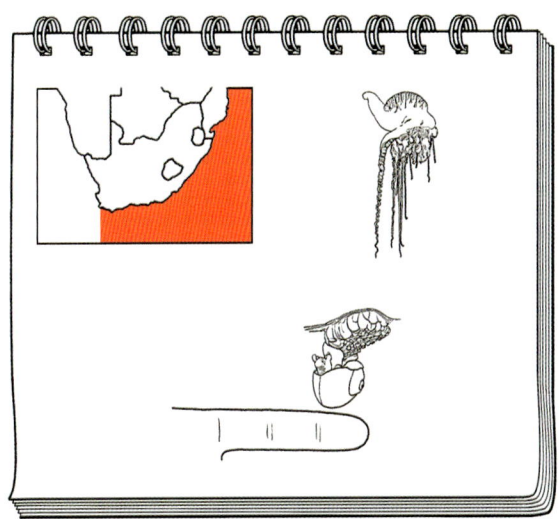

Bobbelvlot-slak

Hierdie slakke maak drywende vlotte van slymerige lugborrels sodat hulle onderstebo naby aan die water se oppervlak kan hang en bloublasies kan jag. Hul dun pers skulpies spoel dikwels op strande uit.

Umnenke ongusigubhu eqolo

Le minenke yenza izigujana ezintantayo ezenziwe ngamabhamuza anamafinyilana omoya ukuze zikwazi ukulenga kuwo zibheke phansi kwiphansi lamanzi bese zizingela amabhodlela aluhlaza. Amagobolondo ayo anombala obukhwebezane avame ukukapakela emabhishi.

Isihlenga-qamza esineqokobhe

Aba sinyeke benza isihlenga esidadayo samaqamza amtyibilizi adadayo ukuze bakwazi ukujinga bejongise intloko ezantsi kumphezulu wamanzi bazingele oohodoshe. Amaqokobhe abo abumfusa abhityileyo akhe abonakale kumanxweme ekuqujwa kuwo.

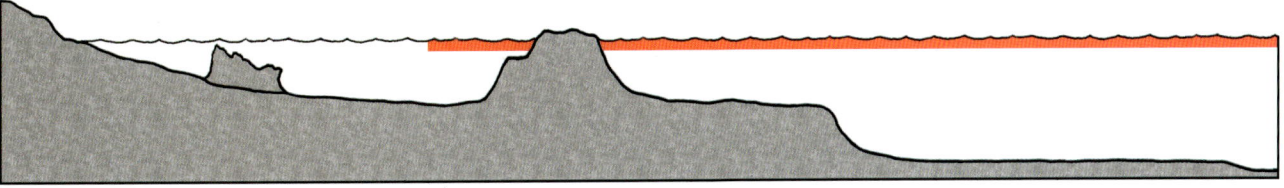

Chokka squid

In summer large numbers of squid gather to breed in bays on our south coast. Fishermen catch them by using lights to attract them closer. Many marine predators also eat squid.

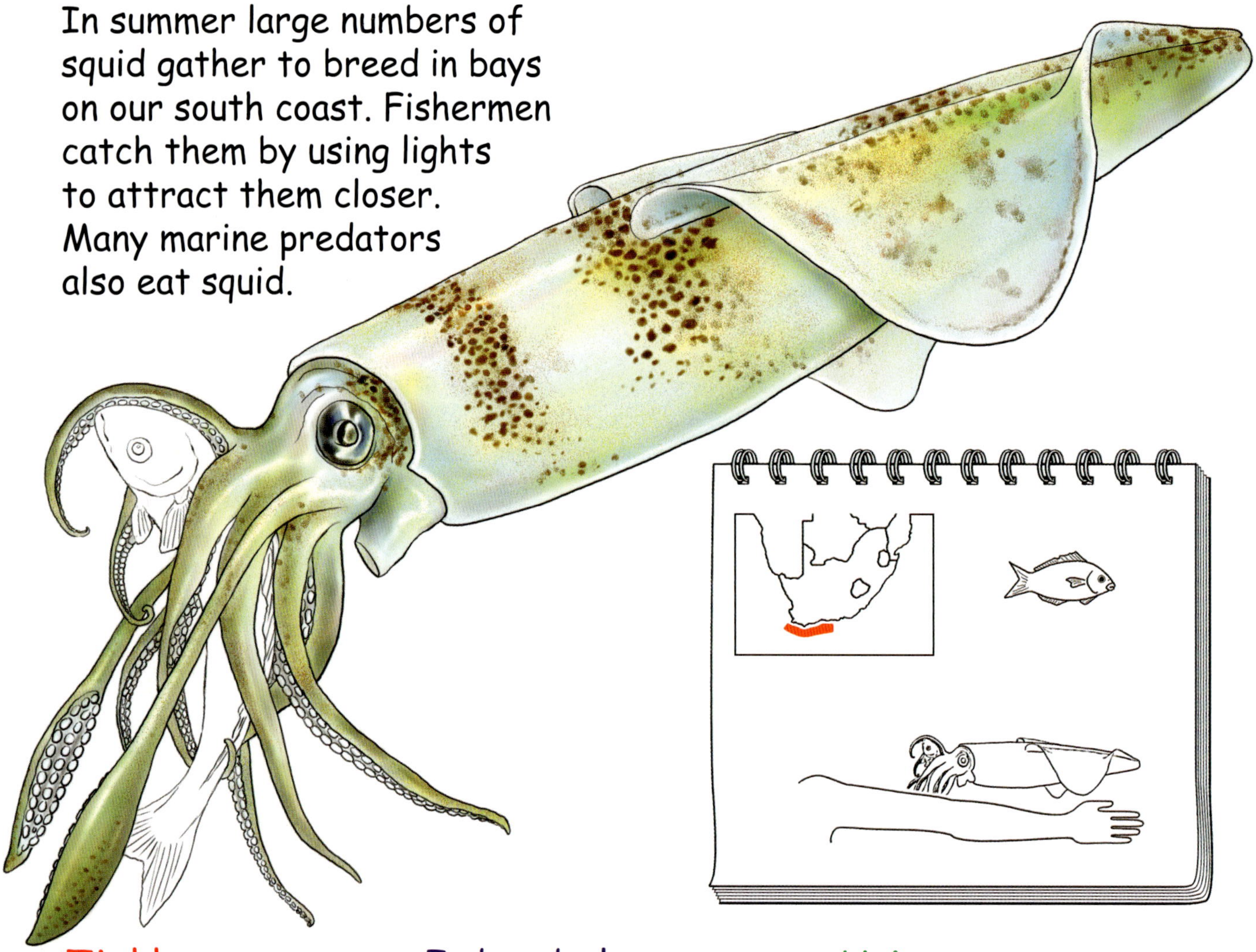

Tjokka

In die somer kom daar 'n groot aantal tjokka in die baaie langs ons suidkus bymekaar om voort te plant. Vissermanne vang hulle deur ligte te gebruik om hulle nader te lok. Baie van die predatore in die see vreet ook tjokka.

Imbembela eliyishokha

Ehlobo iqulu elikhulu lalolu hlobo lwamambembela luyahlangana ukuze luthole abantwana emachwebeni ogwini lwethu oluseningizimu. Abadobi bayazibamba ngokusebenzisa ukukhanya ukuze zisondele kubo. Izilwane eziningi zasolwandle ziyazidla lezi zinhlanzi.

Usingangwane oneengalo ezilishumi

Ehlotyeni inani elikhulu leetshoka liyaqokelelana ukuze lenze abantwana kwiibheyi ezikunxweme olusemazantsi. Abalobi bayazibamba besebenzisa izibane ukuzitsalela kufutshane. Izidla-nyama zaselwandle ezininzi ziyazitya iitshoka.

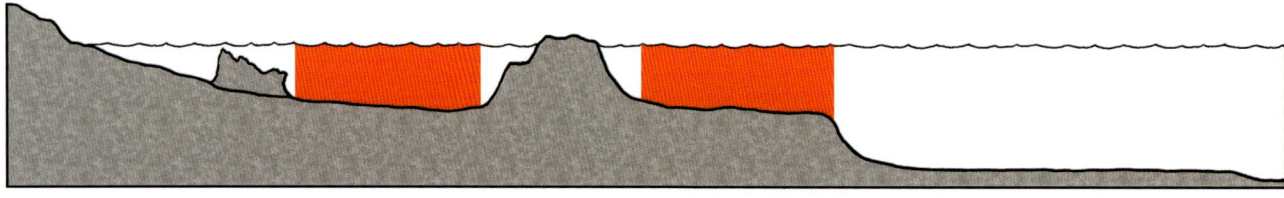

Fish louse

Fish lice are parasites that live on fish. They attach to the fish's head and scrape away the skin to feed on its blood and body juices. The large lice are females and the smaller ones are males.

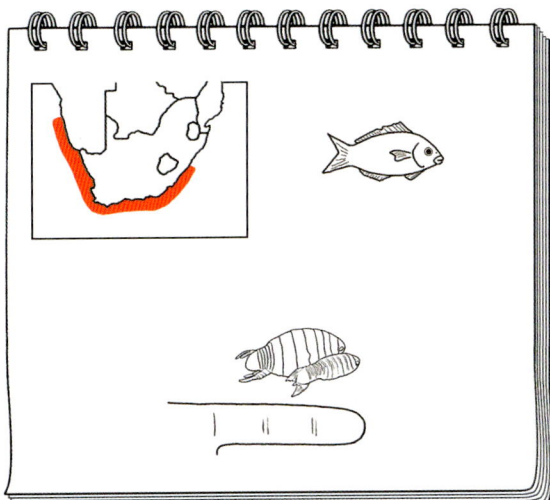

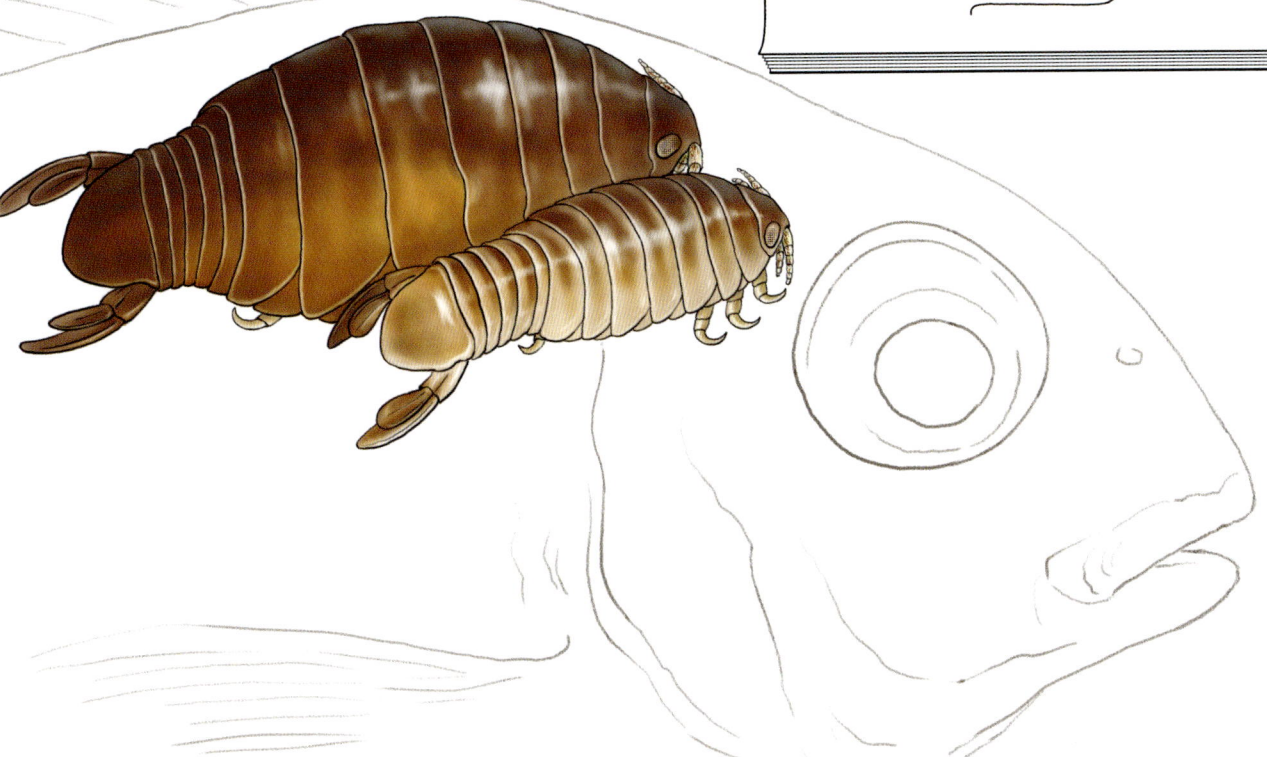

Visluise

Visluise is parasiete wat op visse woon. Hulle heg hulself aan visse se koppe en skraap die vel weg om die vis se bloed en liggaamsappe uit te suig. Die groter visluise is die wyfies en die kleineres die mannetjies.

Intwala yenhlanzi

Izintwala zezinhlanzi yizilwanyana ezidla ezinye izilwane ngoba ziphila kuzona izinhlanzi. Zihlala ekhanda lenhlanzi ziphale isikhumba ukuze zimunce igazi kanye nojusi ophuma emzimbeni. Izintwala ezinkulu kuba ezesifazane bese kuthi lezi ezincanyana kube ezesilisa.

Intwala zeentlanzi

Iintwala zeentlanzi ziphila ngokwencukuthu ezintlanzini. Zincamathela kwintloko yentlanzi zikhuthule ufele ukuze zizondle ngegazi neejusi zomzimba wayo. Iintwala ezinkulu ziimazi ze ezincinci zibe ziinkunzi.

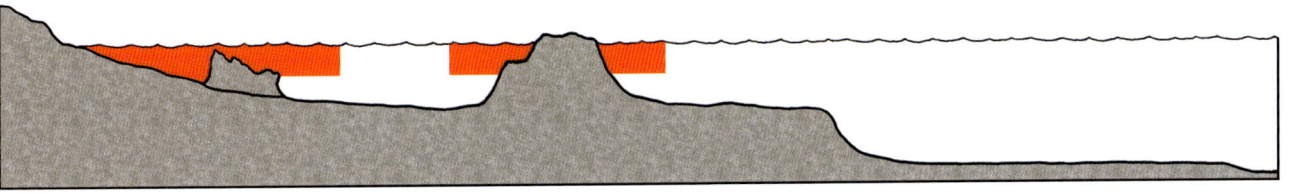

Sponge crab

The sponge crab hides itself from predators by cutting a piece from a living sponge and holding it over its back. It uses its nippers to trim the sponge as it grows.

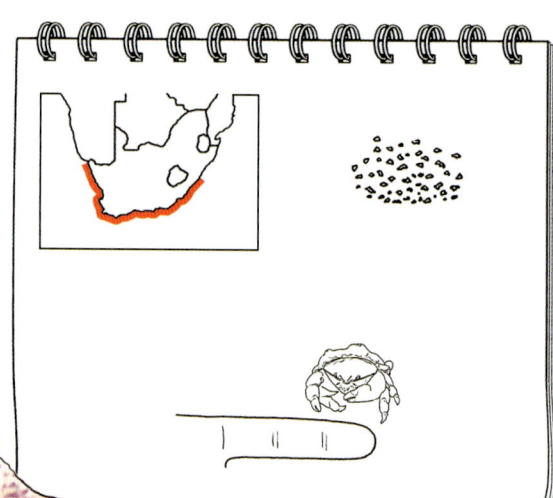

Sponskrap

Sponskrappe vermom hulself vir predatore deur 'n stukkie van 'n lewende seespons af te sny en dit oor hul rûe te hou. Sponskrappe gebruik hul knypers om die seesponse te 'snoei' wanneer hulle groter word.

Inkalankala eyisiponji

Le nkalankala eyisiponji iyazifihla kulezo zilwane eziyidlayo ngokuthi isike ucezu lwesiponji esiphilayo izemboze ngaso emhlane. Isebenzisa izindlawu zayo ukusika isiponji sayo njengalokhu iqhubeka ikhula.

Unonkala obusponjirha

Lo nonkala ubusponjirha uzimela izidla-nyama ngokusika isuntswana kwisiponji esiphilayo aze asibeke emqolo kuye. Usebenzisa izikere zakhe ukuthena isiponji njengokuba sikhula.

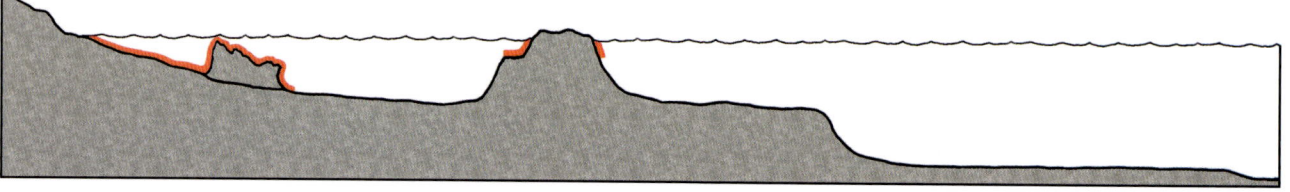

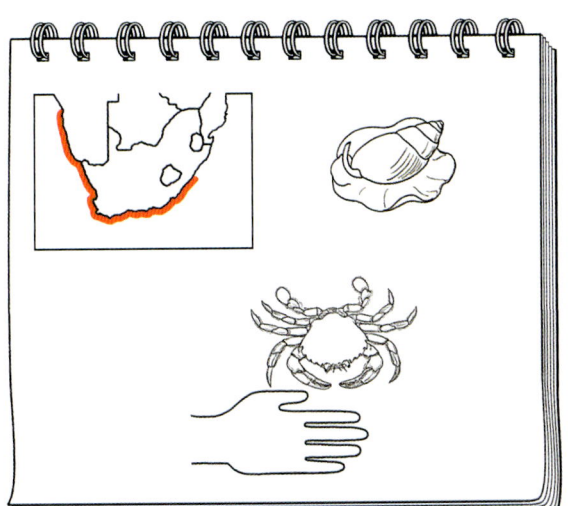

Sad-faced swimming crab

These crabs live in the surf off sandy beaches and feed on ploughshells and mussels. The crabs moult as they grow, so their empty shells often wash up on the beach.

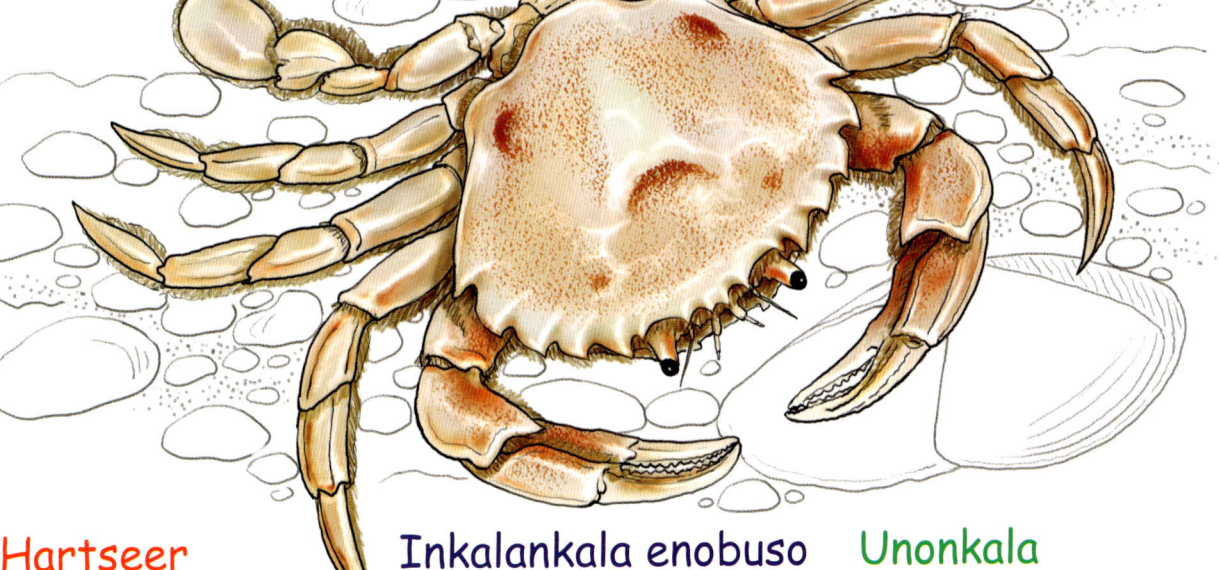

Hartseer swemkrap

Hierdie krappe woon in die golwe naby sanderige strande en vreet ploegskulpe en mossels. Die krappe vervel soos hulle groei en hul leë doppe spoel dikwels op ons strande uit.

Inkalankala enobuso obubi ebhukudayo

Lolu hlobo lwezinkalankala luhlala emadlambini olwandle ngaphandle kwamabhishi anesihlabathi kanti ludla amagobolondo kanye nezinwenwe. Lezi zinkalankala ziyebuza njengalokhu zikhula, bese kuthi amagobolondo azo angenalutho abonakale ezintantela emabhishi.

Unonkala odadayo obuso bunxungupheleyo

Aba nonkala baphila kumaza amanxweme okuqubha anesanti kwaye atya oonokrwece neembaza. Aba nonkala bayobuza njengokuba bekhula, ngoko ke amaqokobhe abo ayabonakala kumanxweme okuqubha.

Coral-banded cleaner shrimp

These beautiful cleaner shrimps live on shallow reefs. They remove parasites and dead skin from fish that queue patiently for attention. Often found in pairs, these shrimps mate for life and live for about three years.

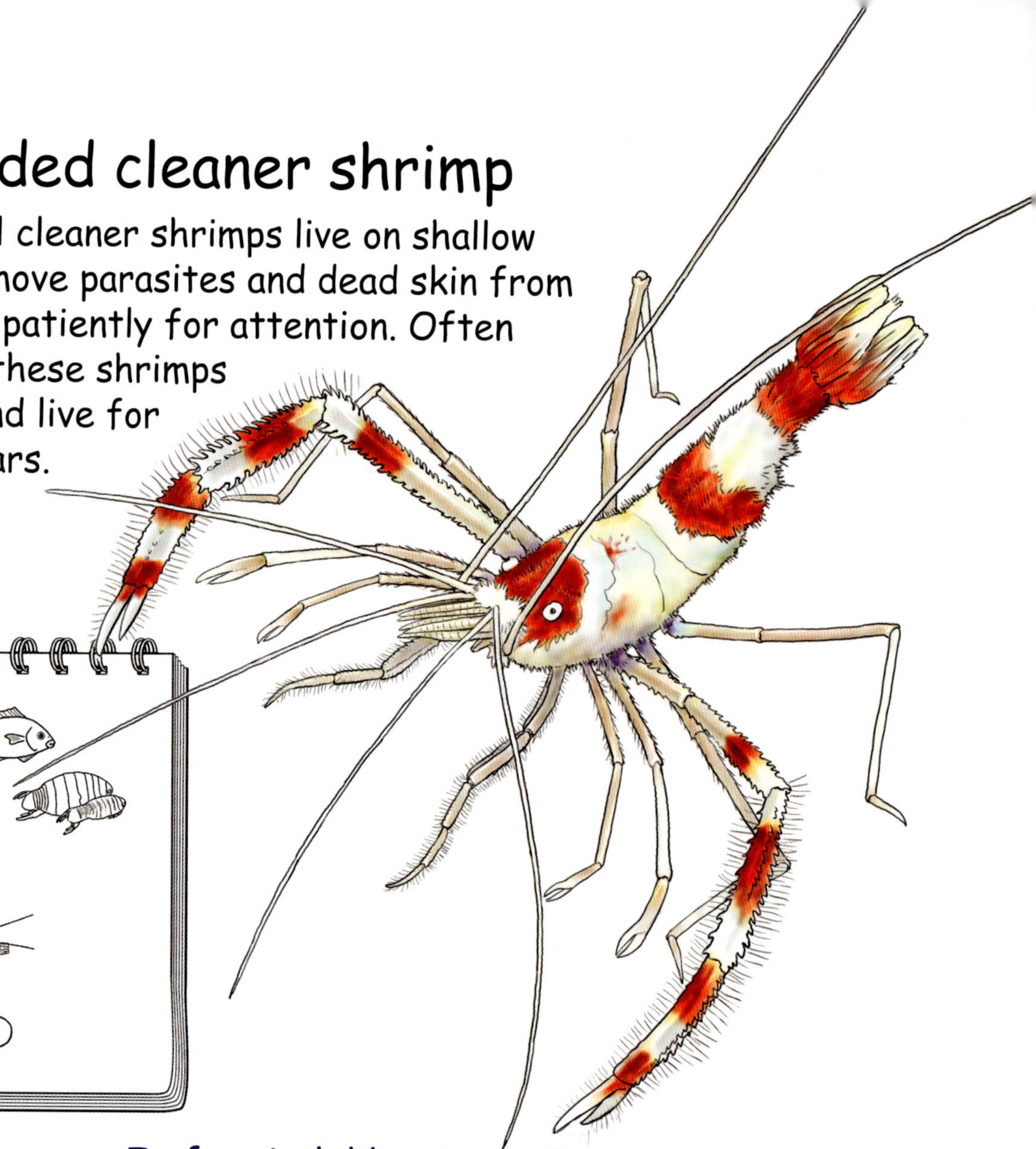

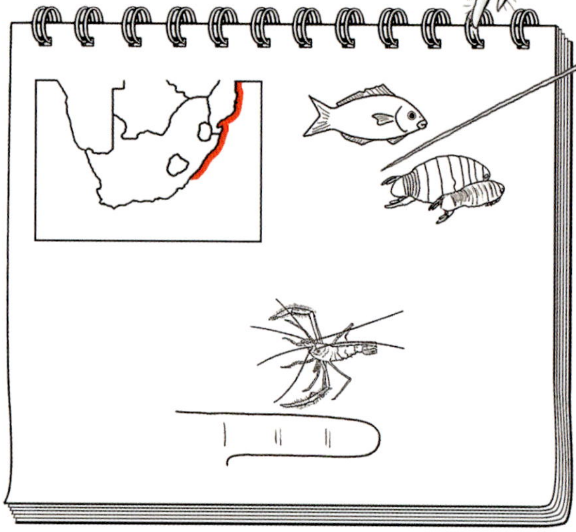

Koraal-skoonmakergarnaal

Hierdie pragtige skoonmakergarnale woon op vlak riwwe. Hulle verwyder parasiete en dooie vel van visse wat geduldig in 'n ry wag om gehelp te word. Hierdie garnale word dikwels in pare gesien aangesien hulle lewenslank paar. Hulle leef omtrent drie jaar lank.

Imfanzi elukhuni eyisihlanzi

Lezi zimfanzi ezinhle zihlala ematsheni angashoni kakhulu. Zisusa lezo zilwane eziphila ngegazi lezinhlanzi kanye nesikhumba esesifile kwizinhlanzi ezisuke zishaye ujenge zilindele ukuba ziphalwe yizimfanzi. Zivame ukutholakala zihamba ngazimbili kanti zijwayele ukwenza ucansi impilo yazo yonke kanti ziphila cishe iminyaka emithathu nje kuphela.

Inqonci engumcoci ekorale

Ezi nqonci zingabacoci zintle zihlala kuqaqa olungqumu. Zisusa izilwanyana ezincukuthayo nolusu olufileyo kwiintlanzi ezidwela ngobunono zifuna ukuqatshelwa. Amaxesha amaninzi zifumaneka ngambini, ezi nqonci zenza abantwana/ zihlala zingamaqabane ubomi bazo bonke kwaye ziphila ukuya kuma kwiminyaka emithathu

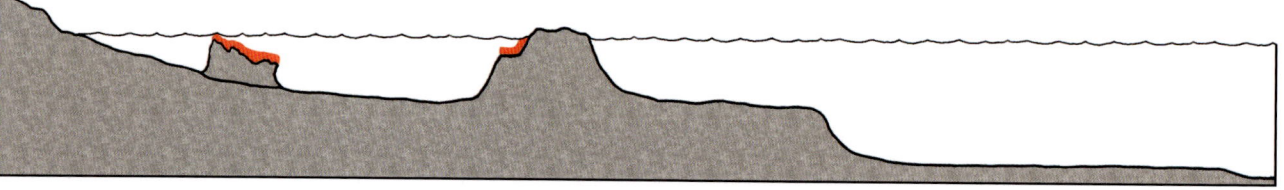

Tiger prawn

Tiger prawns are a popular seafood worldwide. Fishermen catch them in shallow coastal waters. The prawns are active at night when they hunt for live prey on the seafloor.

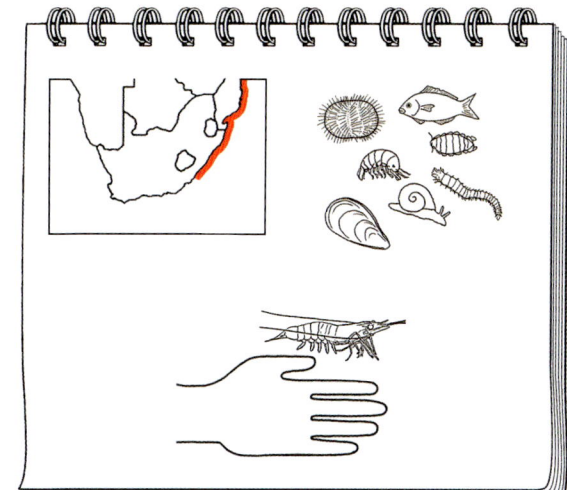

Tiergarnaal

Tiergarnale is gewilde seekos wêreldwyd. Vissermanne vang hulle in vlak water langs die kus. Die garnale is snags aktief wanneer hulle jag vir lewendige prooi op die seebodem.

Umdambi oyingwe

Imidambi eyingwe iwukudla kwasolwandle okudume izwe lonke. Abadobi bayaye bayibambe imidambi ogwini olungashoni kakhulu. Imidambi isebenza kakhulu ebusuku ngenkathi izingela izilwane ezozidla nesuke izozibamba kwiphansi lolwandle.

Inqonci enkulu eyingwe

Iinqonci ezinkulu ezizingwe zikukutya kwaselwandle okuthandwayo ehlabathini jikelele. Abalobi bazibamba kumanzi angqumu aselunxwemeni. Ezi nqonci ziba nodlamko ebusuku xa zizingela amaxhoba aphilayo kumgangatho wolwandle.

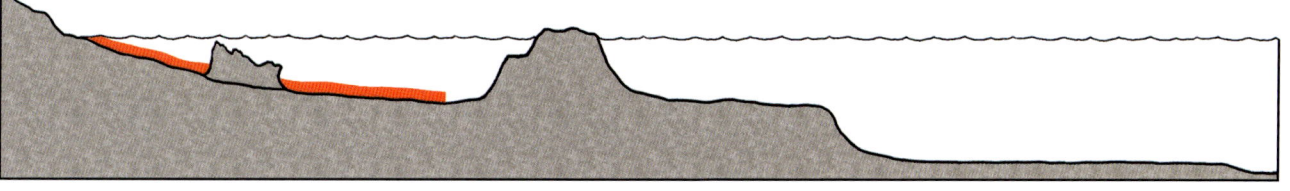

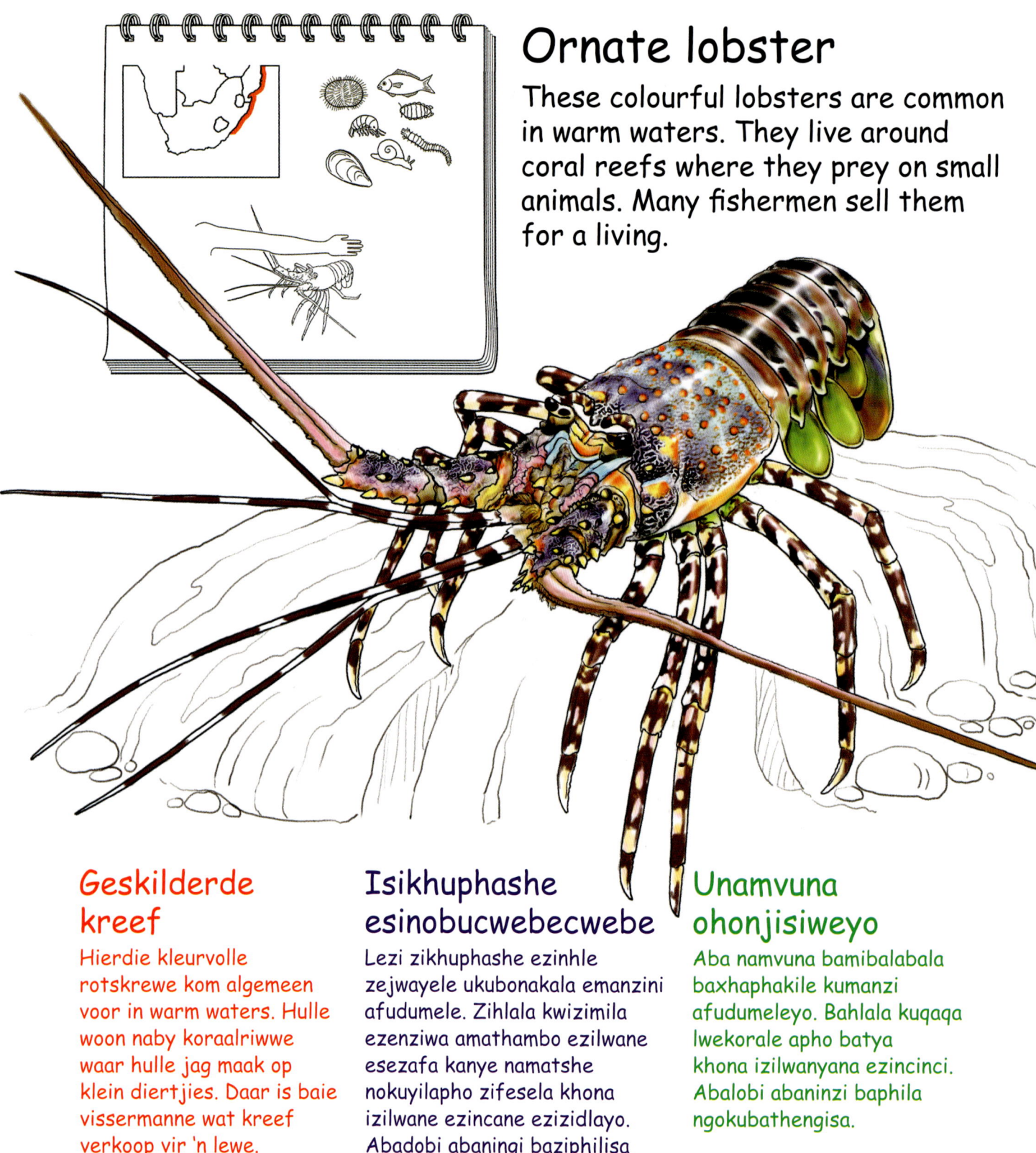

Ornate lobster

These colourful lobsters are common in warm waters. They live around coral reefs where they prey on small animals. Many fishermen sell them for a living.

Geskilderde kreef

Hierdie kleurvolle rotskrewe kom algemeen voor in warm waters. Hulle woon naby koraalriwwe waar hulle jag maak op klein diertjies. Daar is baie vissermanne wat kreef verkoop vir 'n lewe.

Isikhuphashe esinobucwebecwebe

Lezi zikhuphashe ezinhle zejwayele ukubonakala emanzini afudumele. Zihlala kwizimila ezenziwa amathambo ezilwane esezafa kanye namatshe nokuyilapho zifesela khona izilwane ezincane ezizidlayo. Abadobi abaningi baziphilisa ngokudayisa izikhuphashe.

Unamvuna ohonjisiweyo

Aba namvuna bamibalabala baxhaphakile kumanzi afudumeleyo. Bahlala kuqaqa lwekorale apho batya khona izilwanyana ezincinci. Abalobi abaninzi baphila ngokubathengisa.

Compass jellyfish ⚠

This bell-shaped jellyfish trails long stinging tentacles. The stings are painful, but not deadly to humans. Its four long, frilly lips hang beneath the bell to capture food.

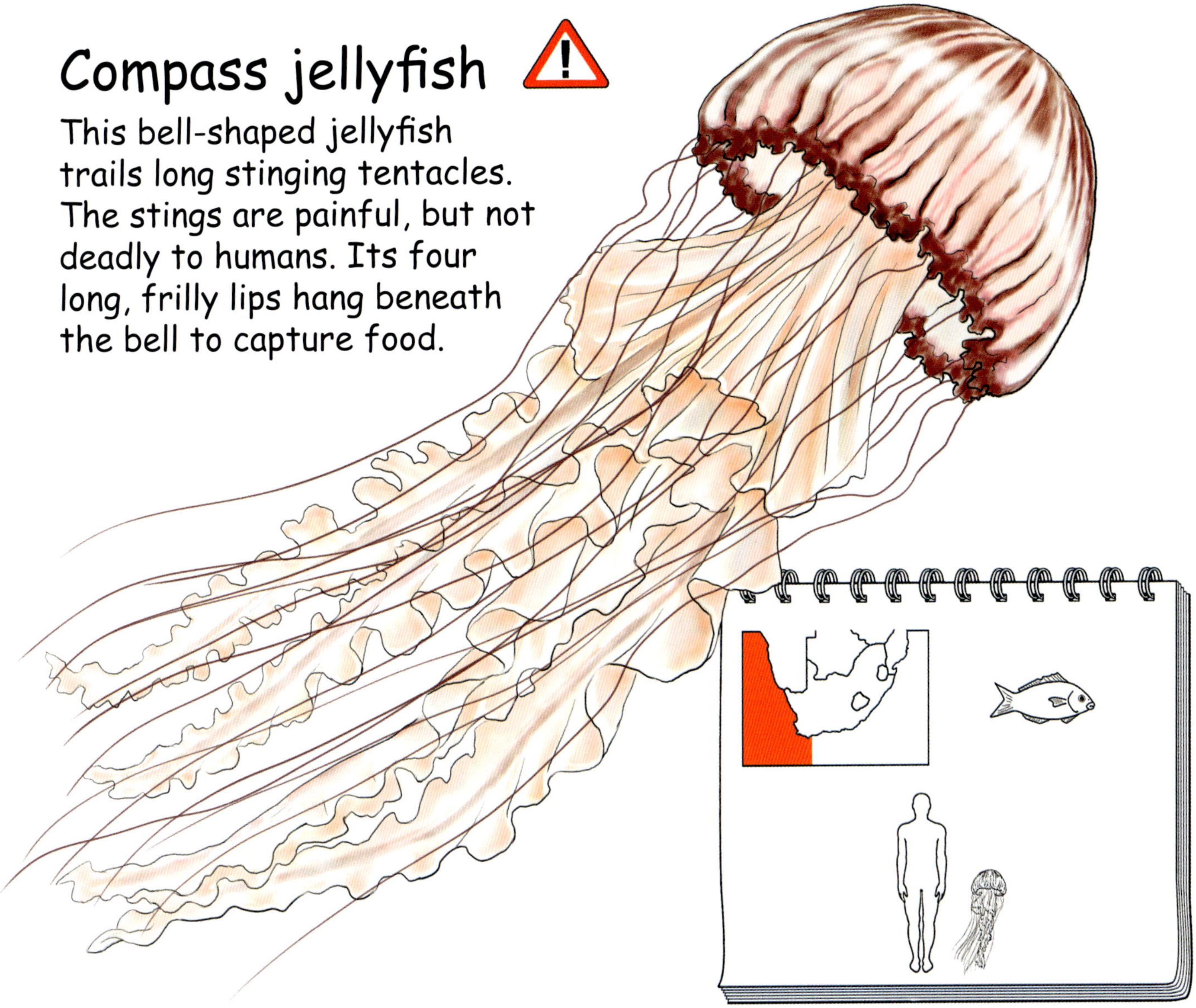

Rooi-gestreepte jellievis

Hierdie klokvormige jellievisse het lang stekende tentakels wat in die water agter hulle aansleep. As hulle 'n mens steek is dit seer maar nie lewensgevaarlik nie. Die diertjies se vier lang, gefrilde lippe hang onder die klok om kos mee te vang.

Itheketheke elingumkhombandlela

Leli theketheke elimise okwensimbi yesikole linemithandela emide etinyelayo elengisa okwezintambo. Ukuncinza kubuhlungu, kodwa akubabulali abantu. Izindebe zalo ezine eziyimifekethiso ngaphansi kwensimbi ukuze libambe ngayo ukudla.

Intlanzi etyhengetyhenge eyikhampasi

Le ntlanzi ityhengetyhenge imile okwentsimbi irhuqa amabamba amade anolwamvila. Ulwamvila lubuhlungu, kodwa alubulali. Imilebe yayo emine, ehonjisiweyo ijinga ngaphantsi kwentsimbi ukuze ibambe ukutya.

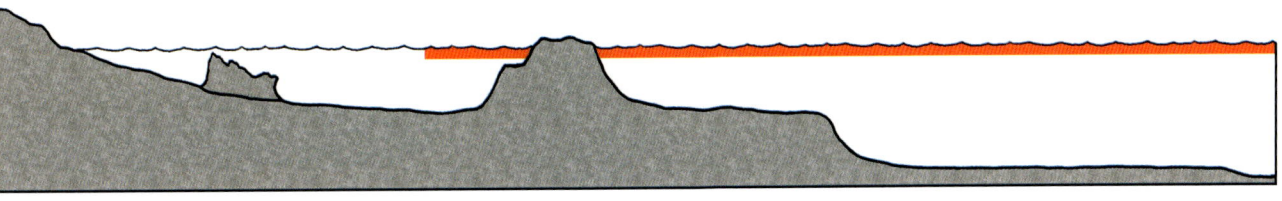

Sea fan

Sea fans often wash up on beaches. They have a horny, tree-like skeleton that is covered with tiny anemone-like animals. Each has eight arms for catching plankton in the water.

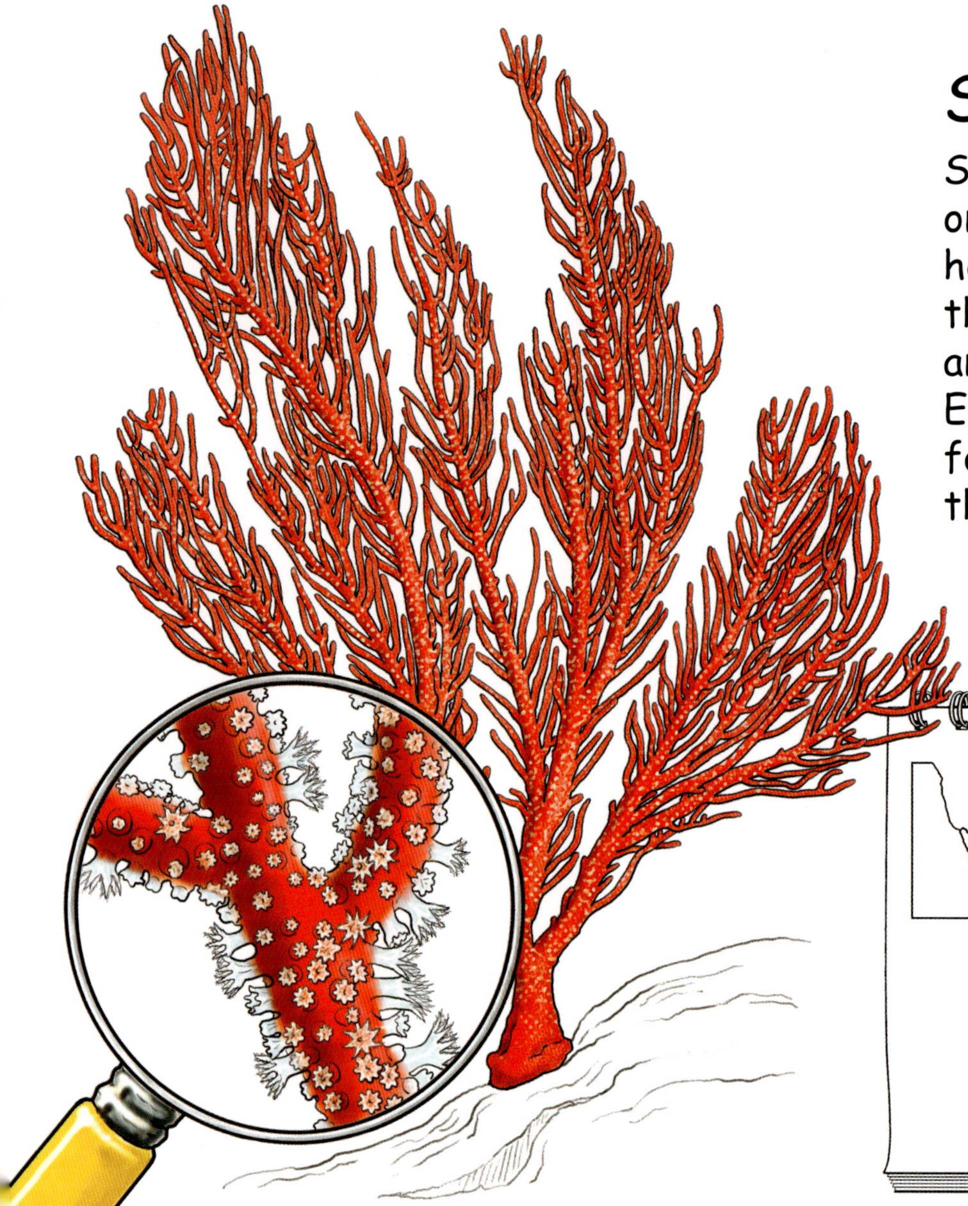

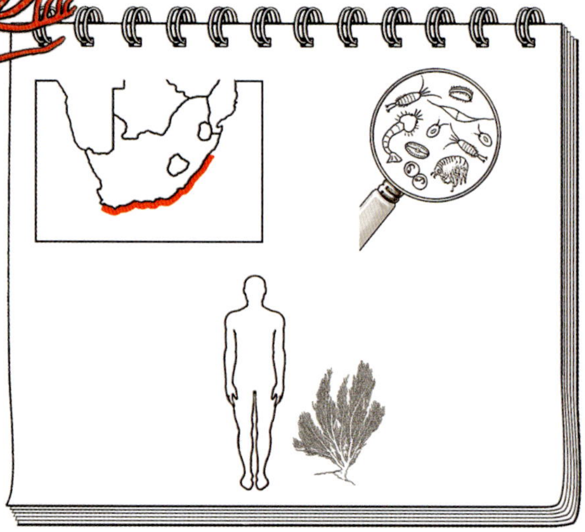

Waaierkoraal

Waaierkoraal spoel dikwels op ons strande uit. Hulle het horingagtige geraamtes wat soos boompies lyk en is bedek met klein diertjies wat soos see-anemone lyk. Elkeen het agt arms waarmee hulle plankton in die water vang.

Isishayisamoya solwandle

Izishayamoya zolwandle zivame ukukhacelwa ngaphandle kolwandle amanzi olwandle, emabhishi. Zinohlaka olumise okophondo, olusasihlahla olumbozwe yizilwane zasolwandle ezifana ne-anemoni. Isishayamoya ngasinye sinezingalo eziyisishiyagalombili ezisisiza ukuthi sikwazi ukubamba i-plankton emanzini.

Ifeni yaselwandle

Iifeni zaselwandle ziyabonakala kumanxweme okuqubha. Zinesakhiwo somzimba esineempondo nesifana nomthi esigqunywe zizilwanyana ezifana nezityalo eziphilayo. Nganye ineengalo ezisibhozo zokubamba iplankthoni emanzini.

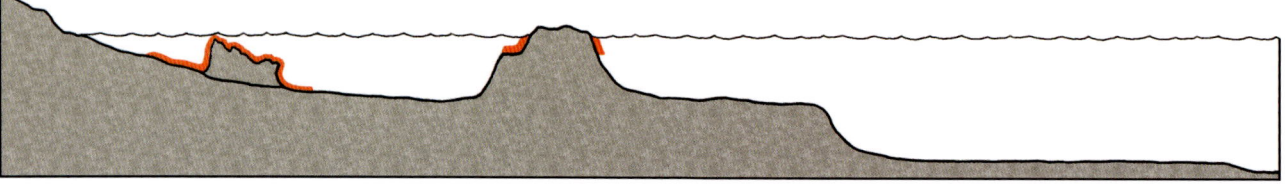

Staghorn coral

Coral reefs are made by colonies of very tiny, anemone-like animals. Each little animal builds and lives inside a cup-shaped hole on the coral's surface. Staghorn corals grow quickly and come in many different shapes.

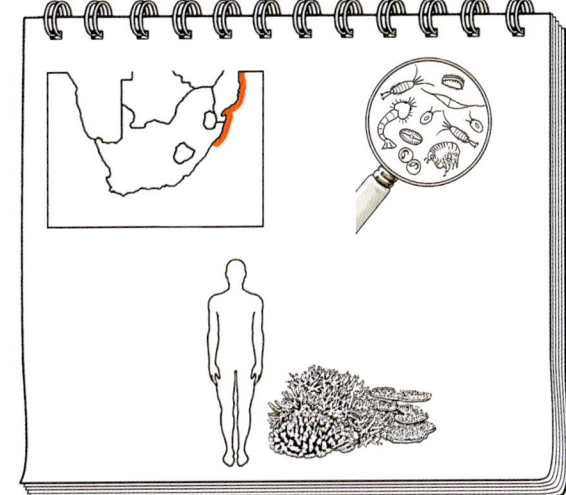

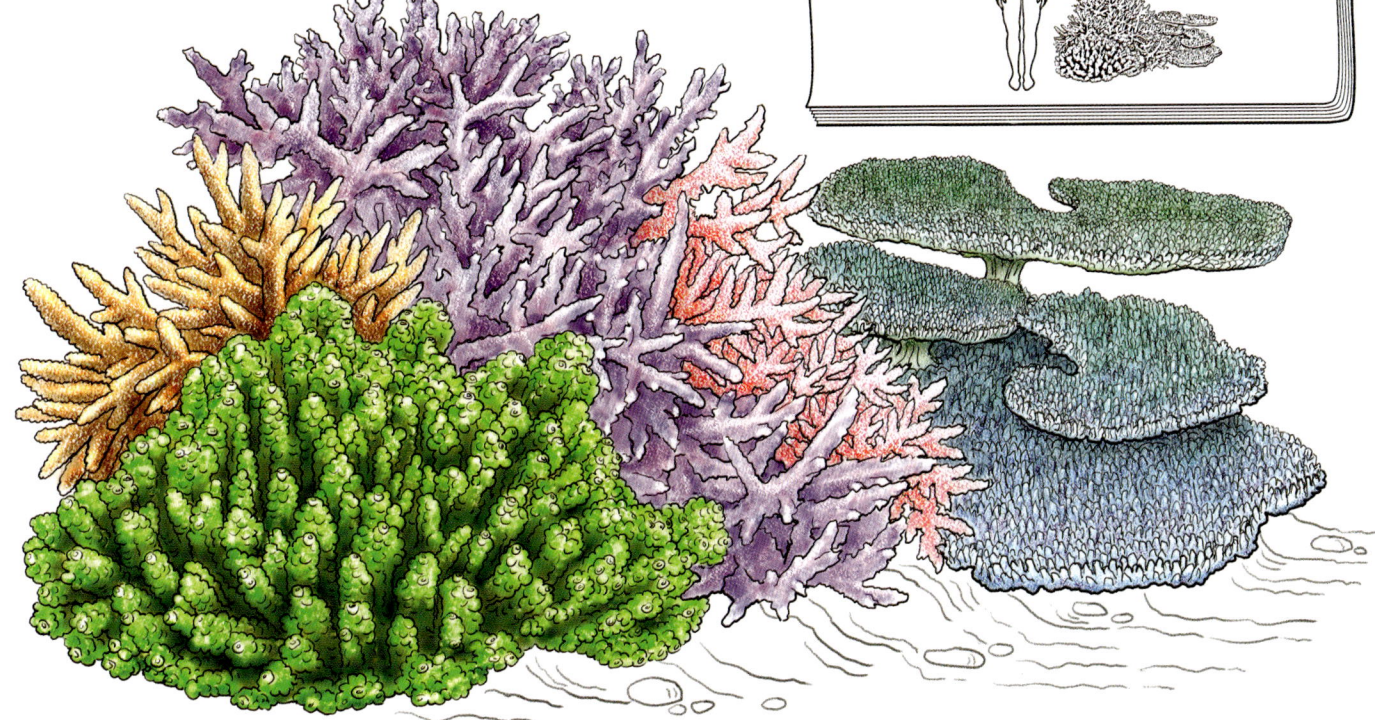

Takbokkoraal

Koraalriwwe bestaan uit kolonies piepklein diertjies wat soos see-anemone lyk. Elke diertjie bou en woon op die koraal se oppervlak binne-in 'n gat wat soos 'n koppie lyk. Takbokkorale groei vinnig en kom in baie verskillende vorms voor.

Umpondozenyamazane

Okusazimila okuba kwiphansi lolwandle kwenziwa amathambo ezilwane esezafa kanye namatshe olwandle. Isilwane ngasinye sakha sibuye sihlale emgodini omise okwenkomishi kwiphansi lolwandle. Ompondozenyamazane laba bakhula ngokushesha bese bevela beyimimo eyahlukene eminingi.

Ikorale enempondo

Uqaqa lwekorale lwenziwe ziikoloni zezilwanyana ezincinci kakhulu nezikwafana nezityalo zaselwandle eziphilayo. Isilwanyana esincinci ngasinye sakha size sihlale kumngxuma ofana nekomityi kumphezulu woqaqa. Iikorale ezinempondo zikhula ngokukhawuleza kwaye zimila ngokwahlukileyo.

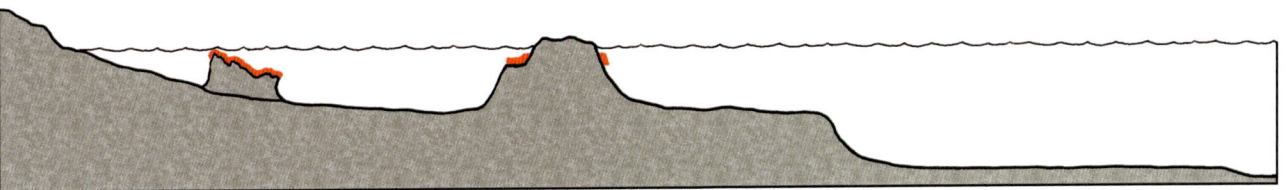

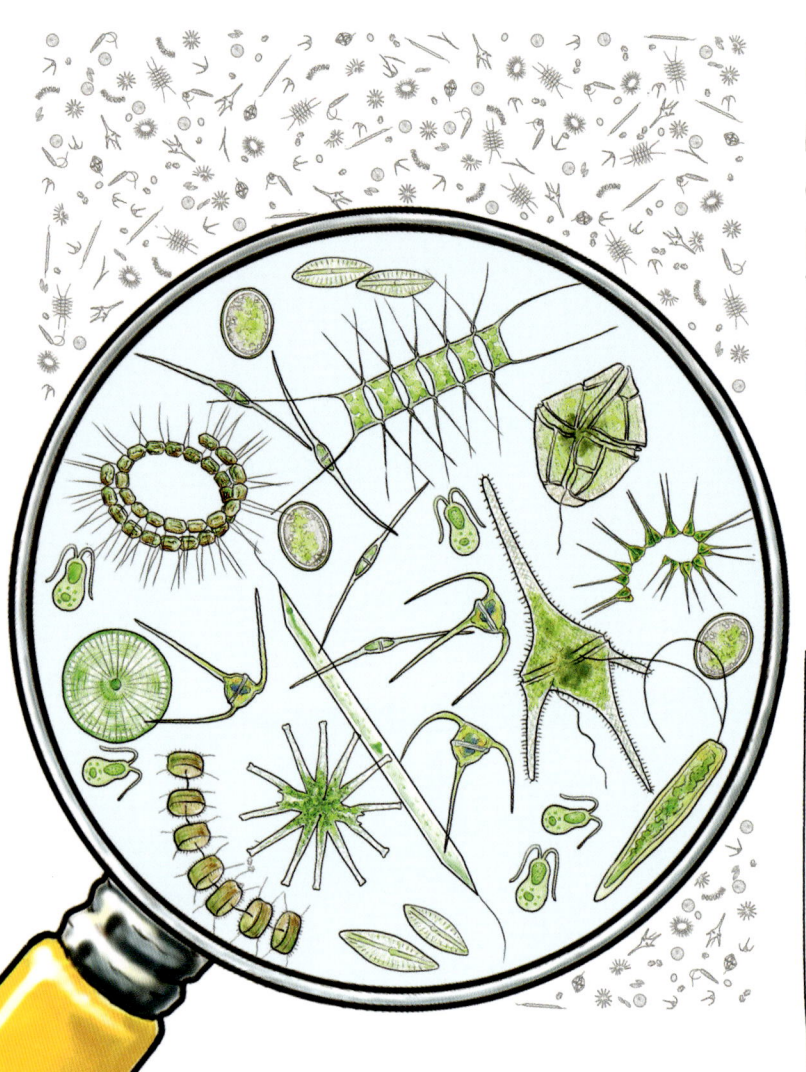

Phytoplankton

Phytoplankton is the 'grass of the sea'. These very tiny plants use sunlight to make their own food, and are eaten by many sea creatures, both large and small.

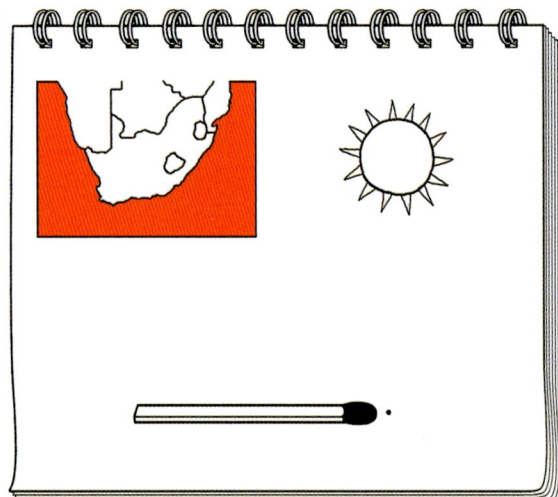

Fitoplankton

Fitoplankton is die 'see se gras'. Hierdie piepklein plantjies gebruik sonlig om hul eie kos te vervaardig en word gevreet deur baie verskillende soorte seediere, groot en klein.

I-phytoplankton

Kahle hle lokhu 'wutshani bolwandle'. Lezi zitshalo ezincane zisebenzisa ukukhanya kwelanga ukwenza ukudla kwazo, kanti futhi buvame ukudliwa yizidalwa zasolwandle, ezinkulu kanye nezincane.

Umfincane wolwandle

Umfincane wolwandle 'yingca taselwandle'. Ezi zityalo zincinci kakhulu zisebenzisa ukukhanya kwelanga ukwenza ukutya kwazo, kwaye zityiwa luninzi lwezilwanyana zaselwandle, ezinkulu nezincinci.

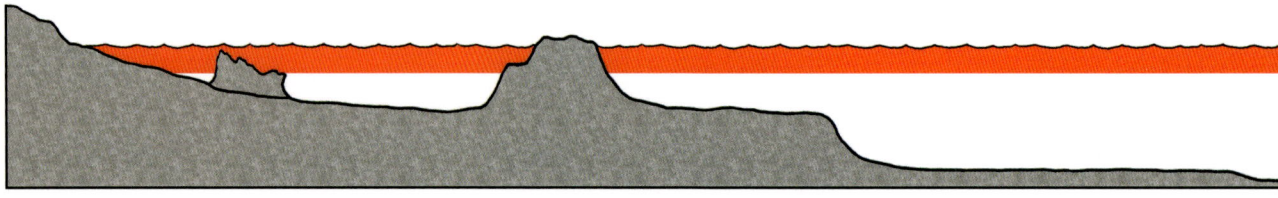

Zooplankton

Zooplankton is the common name for the many tiny animals, eggs and larvae that drift in the ocean. They feed on phytoplankton or prey on one another, and are themselves food for larger animals.

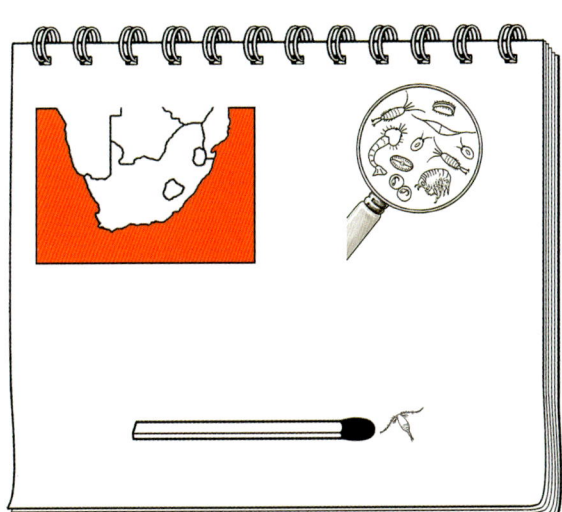

Soöplankton

Soöplankton is die algemene naam vir die groot aantal klein diertjies, eiers en larwes wat in die oseane ronddryf. Hulle leef van fitoplankton of vreet mekaar op – en is op hul beurt weer kos vir groter diere.

I-zooplankton

Leli gama yigama elejwayelekile kwizilwane eziningi ezincane, amaqanda kanye nemibungu entanta olwandle. Zidla ama-phytoplankton noma zifeselane zidlane zodwa, kanti futhi kwazona zidliwa yizilwane ezinkulu kunazo.

Izuplankthoni

Izuplankthoni ligama eliqhelekileyo lezilwanyana ezincinci kakhulu, amaqanda nemibungu edada elwandle. Zitya umfincane wolwandle okanye zityane kwazona, zikwakukutya kwizilwanyana ezinkulu.

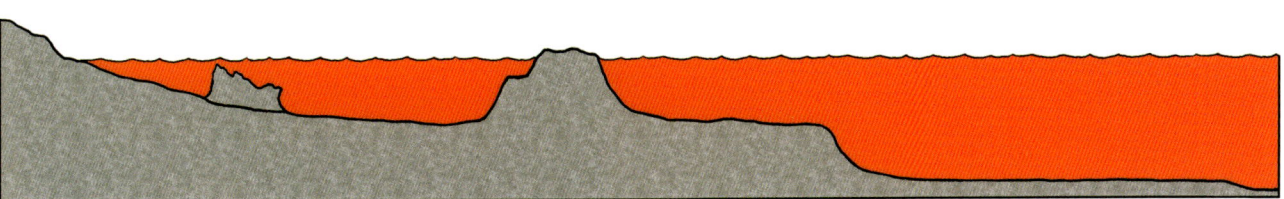

THIS BOOK IS DEDICATED TO ALL YOUNG READERS INTERESTED IN OUR OCEANS AND THE MANY CREATURES THAT INHABIT THEM.

AUTHOR'S NOTE

I wish to thank my husband, Charles Griffiths, for his support and the many photographs that he supplied as reference material. Thanks are also due to Judy Maré for the amazing artwork and the Struik Nature team who made this book possible. Finally, I wish to acknowledge the translators for their work in making the content available to a much larger readership.
ROBERTA GRIFFITHS

ILLUSTRATOR'S NOTE

I wish to thank Roberta and all those at Struik Nature for giving me this illustration opportunity. Invaluable reference was supplied by Charles and Roberta Griffiths and the books *Two Oceans* and *Living Shores of Southern Africa*. As with everything in life, it's only when you take the time to study something in more detail that you come to appreciate and understand it. As a result of doing these illustrations all these creatures have become 'my creatures' and it has made me realise that's how we all need to start looking at our oceans: with amazement, appreciation and caring.
JUDY MARÉ

Published by Struik Nature
(an imprint of Penguin Random House South Africa (Pty) Ltd)
Reg. No.1953/000441/07
The Estuaries No 4, Oxbow Crescent, Century Avenue, Century City, 7441
PO Box 1144, Cape Town, 8001

Visit www.penguinrandomhouse.co.za and join the Struik Nature Club for updates, news, events and special offers.

First published in 2011
10 9 8 7 6

Copyright © in published edition, 2011: Penguin Random House South Africa (Pty) Ltd
Copyright © in text, 2011: Roberta Griffiths
Copyright © in illustrations, 2011: Judy Maré
Original series concept by Erroll Cuthbert

Publisher: Pippa Parker
Managing editor: Helen de Villiers
Editor: Emily Bowles
Designer: Dominic Robson
Afrikaans translator: Marilie van der Walt
Xhosa translator: Gcina Matakane
Zulu translator: Robert Mchunu

Reproduction by Hirt & Carter Cape (Pty) Ltd
Printed and bound in China by RR Donnelley

All rights reserved. No part of this publication may be reproduced, stored in a retrieval system, or transmitted, in any form or by any means, electronic, mechanical, photocopying, recording or otherwise, without the prior written permission of the copyright owners.

ISBN: 978 1 77007 988 5 (Print)
ISBN: 978 1 92054 410 2 (ePub)
ISBN: 978 1 92054 411 9 (ePdf)

MIX
Paper from responsible sources
FSC® C144853

For more information on the mobile apps based on the *My First Book Of* series, visit http://www.youngexplorerapp.com